명상과 법문으로 순례하는
영산성지 사용법

영산성지 사용법

명상과 법문으로 순례하는

방길튼 지음

원불교출판사

o 추천사

영산,
무한한 은혜요 법의 생성지여라

영산성지를 걷다가 멈추고 톺아보면 문득 대종사님이 그리워 무심히 돌이 됩니다. 땀에 흠뻑 젖어 옥녀봉 댕기바위에 올라 성지를 바라보면 온몸이 그대로 바람이 됩니다. 옥녀봉 봉우리를 감돌던 바람은 어느덧 대각터 팽나무를 돌아 영산원을 품고 선진포에 다다르면, 바람은 그치고 모든 번뇌가 사라진 텅 빈 일원상이 됩니다.

원불교의 근원성지인 영산은 소태산 대종사가 태어난 보금자리요 20여 년의 구도 끝에 깨달음을 얻고서 9인 제자와 함께 저축조합, 방언공사, 법인성사 등 회상의 초석을 다져놓은 곳입니다. 이처럼 영산성지는 소태산 대종사가 일생 이루신 구도 공덕, 대각 공덕과 9인 제자와 함께 방언 공덕, 법인 공덕을 새긴 곳입니다.

특히 영산성지는 소태산의 대각에 의해 일원상이 은혜로 피어난 은생지恩生地이며, 제불제성이 깨닫기 전부터 마땅히 그렇게 존재하는 일원상을 법으로 드러낸 법생지法生地입니다.

　몇 해 전, 길산 방길튼 교무가 영산성지를 기도 방식으로 순례토록 안내한 『소태산 대종사 숨결 따라』를 지어 대종사의 그 크신 본의를 가슴에 안겨주었습니다. 또다시 해가 가고 달이 이어 넘더니 새로운 결실을 우리 앞에 내놓았습니다. 더위도 추위도 잊은 채 간절함으로 몸을 던지고 마음을 바친 집필의 백천삼매百千三昧 속에서 『영광과 소태산 1, 2』 두 권의 책에 혼을 담았습니다.

　환희와 감사의 마음이 밀려옵니다. 특히 이 책은 소태산 대종사 당대에 영산의 책임자였던 정산 송규와 주산 송도성 종사를 중심으로 한 영산원 일대의 공부와 사업 그리고 생활까지 고스란히 담았습니다. 정관평의 우렁이 농법이 느리고 답답하지만 끝내 농약을 쓰지 않는 유기농을 이뤄내듯이, 길산의 영산 사랑도 마침내 오래된 자료에 생명의 숨을 불어 넣었습니다.

　몸은 지칠수록 생각은 더 또렷해지고 사명은 깊어진다고 하니 그 길에 신발이라도 하나 보탠다는 마음으로 동참했습니다. 선진님들의 발걸음을 따라 영산 곳곳을 걸으며 함께 비를 맞는 동행자가 되었습니다. 대종사님의 발자취와 그 정신을 시대와 교감할 수 있는 출판기록물로 만날 수 있어 그저 감사할 따름입니다. 그리고 세세하게 교정을 봐준 원불교출판사 소산 주성균 교무의 공덕도 영산성지에 새겨 봅니다.

　"스승이 법을 새로 내는 일이나, 제자들이 그 법을 받아서 후래 대중에게 전하는 일이나, 또 후래 대중이 그 법을 반가이 받들어 실행하는 일이 삼위일체三位一體 되는 일이라"는 『대종경』 부촉품 19장 법문을 심장에 눈물로 아로새깁니다.

 우리는 소태산 대종사의 법을 받들고 또한 전해야 합니다.
 아무쪼록 이 책을 읽는 공덕으로 영산성지에 깃든 대종사와 9인 선진의 심법을 받들고 전하는 제자가 되길 바라며, 또한 영산과 영광을 무대로 활동했던 정산 종사와 주산 종사를 비롯한 여러 선진님이 법을 위해 몸과 마음을 바쳤던 그 신성으로 이어지는 순례가 되기를 기도합니다.

원기106년(2021) 3월 초봄에
원불교 영산성지 사무소장 정상덕 합장

○ 프롤로그

명상과 법문으로 순례하는
영산성지 사용법

영산성지는 소태산 대종사를 알아가는 첫사랑이요 끝사랑이다. 왜냐하면 소태산의 발심·구도·입정·대각에 이어 창립 정신이 깃들어 있는 곳이기 때문이다.

관심이 있으면 눈이 가고 눈이 맞으면 서로 뜻이 통하듯이, 영산에 관심이 갈 때 소태산의 발심·구도와 눈이 맞고 소태산의 대각을 사랑하게 될 것이다. 결국 소태산의 행보를 따라가는 것이다.

필자는 교무로서 교역에 임했던 초기에 영산성지에 근무하게 되었다. 당시의 영산은 정관평 농사일이 시작되면 송장도 나서야 할 정도로 바쁜 곳이었다. 그런데 초임 교무의 몸에 덜컥 병이란 손님이 찾아와 근무다운 근무를 할 수 없게 되었다.

그러다 보니 주로 힘이 덜 쓰이는 일을 하게 되었는데, 그것이 순례 업무였다. 이렇게 순례 안내를 하게 되면서 이런저런 일들을 겪어가며 순례객들이 바라는 바를 알아가게 되었다.

순례객들은 주로 기도 또는 명상을 원했다. 그래서 틈틈이 영산성지를 12마디 또는 20마디 등으로 정리해 보았고, 각 성적지를 기도문 형식으로 만들어 보았다.

또한, 일부 순례객이 혼자서 명상 식으로 순례하는 자료를 요청하곤 하여, 생각나는 대로 이렇게 저렇게 영산성지를 명상으로 순례할 수 있는 방법들을 구상해 보았다.

그리하여 '영산성지 깨달음의 순례'라는 소략疏略한 자료를 만들어 순례객들에게 제공하여 작으나마 도움을 주었다.

이러한 경험 때문인지 세월이 20여년을 넘게 흘렀어도 영산성지를 순례할 때면, 영산성지를 깨달음의 명상으로 안내하고 싶었다. 또 영산과 기연機緣된 법문을 현장에서 직접 체험토록 하고 영산성지가 깨달음을 촉발하는 선원으로, 법문을 깊게 음미하는 교당으로 가꾸어지길 바랐다.

그러한 한 방법을 강구해 본 것이 '소태산 대종사 7상' 명상순례와 'Made in 영산' 법문순례이다.

'소태산 대종사 10상' 중 영산과 관련된 관천기의상, 삼령기원상, 구사고행상, 강변입정상, 장항대각상, 영산방언상, 혈인법인상을 명상으로 순례코자 한 것이다. '영산성지 7상 명상'이라 해도 될 것이다.

그리고 'Made in 영산' 법문은 영산과 인연된 소태산 대종사의 법문을 총괄 제시하여, 영산의 현장에서 소태산의 말씀에 빠져들도록 한 것이다. 'Made in 영산' 법문은 영산, 넓게는 영광과 기연된 소태산 대종사 법문을 모아서 그 시기와 배경 등을 약술하여 덧붙인 것이다.

한 예로, 《회보》의 각지 상황과 인사 동정을 보면 소태산 대종사, 원기23년 11월 19일~12월 4일 영산을 내왕한 기록이 있다. 이때를 전후로 팔산 김광선은 병환에 있었고 얼마 이후 열반한다. 이를 보면 소태산은 의형義兄 팔산을 문병했던 것이다. 열반을 앞둔 팔산의 마지막을 당부하기 위해 영산을 내왕했던 것이다. 이는 『대종경』 천도품 28장의 전후 상황을 이해할 수 있는 자료이며 팔산 김광선의 열반에 눈물 흘리시는 소태산 대종사의 심정을 생생히 느낄 수 있도록 하는 자료이다.

이 밖에도 영산, 넓게는 영광과 관련된 감각감상이 소태산의 법문에 수시로 등장한다. 이러한 법문을 소상히 파악해 보는 것도 영광을 이해하는 데 도움이 될 것이다. 아울러 영산성지를 12마디로 나누어서 사진과 주제별로 감상토록 하였다.

아무쪼록 '명상과 법문, 그리고 사진으로 순례'하는 『영산성지 사용법』이 소태산의 행적과 영산을 체험토록 하는 길잡이가 되길 바란다.

원기106년(2021) 3월
길산 방길튼 합장

목차

004 　추천사
007 　프롤로그

I. 영산성지, 깨달음의 명상순례 _ 011
관천기의상 명상순례 _ 016
삼령기원상 명상순례 _ 029
구사고행상 명상순례 _ 036
강변입정상 명상순례 _ 046
장항대각상 명상순례 _ 055
영산방언상 명상순례 _ 067
혈인법인상 명상순례 _ 075

II. Made in 영산 법문순례 _ 087
영산靈山 출처 법문 _ 089
영산靈山 인거 법문 _ 128
영산성지와 『대종경』, 『대종경선외록』, 『정산종사법어』 _ 144
소태산 대종사, 영광 행가 및 법설 _ 186

III. 영산성지 12마당 _ 201

IV. 사진으로 보는 영산성지 순례길 _ 207

235 　참고문헌
236 　에필로그

I

영산성지
깨달음의 명상순례

영산성지, 깨달음의 명상순례를 시작하며

영산성지를 생각하면 가슴이 설렌다. 구수산과 대덕산이 품고 있는 영산 곳곳에 소태산 대종사의 발심·구도·대각·교화의 발자취가 깃들어 있기 때문이다.
내 마음속에 소태산 대종사의 성적聖跡이 내 삶을 비춰주는 거울로 다가올 것이다.

영산성지는 삶을 되비춰 주는 축복의 천지이다.
영산성지 순례자라면 소태산 대종사의 성적이 깃들어 있는 영산 천지를 '깨달음의 거울'로 삼기 바란다.
각자의 가슴속에 '나의 스승님, 소태산 대종사'를 모시고 영산 곳곳을 순례하면서 끊임없이 문답하고 문답하여, 소소한 감각감상부터 삶을 진동시키는 깨달음이 울려 피어나길 바란다.
소태산 스승님과 마음과 마음이 통하여, 깨달음이 피어오르는 순례이기를 축원한다.

영산성지 순례길!
성지순례도 교리 공부이다.
왜냐하면 소태산의 발심·구도·대각의 과정을 통해 교법이 발생했기 때문이다.
이러한 교법의 산실인 영산 곳곳에 서려 있는 소태산의 구도 및 깨달음의 역사와 문답하여 감정과 해오를 얻는 교당내왕시 주의사항이 되었으면 한다.

성지순례도 교당내왕이다!
영산성지 순례를 통해 소태산 대종사와 표준제자인 9인 선진을 모시고 깨달음의 공부 길에 나서는 순례 법회가 되기를 바란다.

영산성지

'깨달음의 명상순례' 길라잡이

길잡이 _ 방길튼 교무

영산성지 깨달음의 명상순례

소태산 대종사의 깨달음이 깃든 영산성지를
각자의 마음을 비추어 주는 마음의 거울로 삼아
자신의 삶을 되비추어 보십시오.

'영산성지, 깨달음의 명상순례' 길라잡이에 따라
편안한 마음으로 순례에 나서십시오.
"(법명 ○○○)는 원만구족하고 지공무사합니다."라고 확인하면서 순례합니다.

순례는 **깨달음의 순례**여야 합니다.
그러기 위해선 또한 **마음의 순례**여야 합니다.
지금 여기에서
소태산 대종사의 발심·구도와 입정·대각을
자신의 몸과 마음에 비추어 보십시오.
그럴 때 소태산 대종사의 발심·구도와 깨달음이
우리의 마음에 한 소식으로 전해질 것입니다.

걸음걸음
깨달음의 명상순례 되십시오.

영산성지 순례방법

첫째, 순례지에 도착하면 각 성적지에 대한 『원불교교사』를 봉독합니다.
둘째, '영산성지, 깨달음의 명상순례'에 따라 명상에 듭니다.
　　　도중에 혼란에 빠지거든 깊은 심호흡을 두어 번 하고 마음을 다시 챙깁니다.
셋째, '깨달음의 어드바이스advice'에 따라 마무리 하며, 감각감상을 기재[메모]합니다.
넷째, 순례를 마쳤으면 서로 감각감상을 나누는 문답을 합니다.

○ **순례를 다 마친 후**
　　서로서로 아래의 주제에 대해 감상담을 나누어 보십시오.

**주제: 오늘의 순례를 어떻게 일상생활 속에서 체득하는
　　　순례로 연결하겠습니까?**

나[우리 단]의 관천기의상? 나[우리 단]의 옥녀봉?
　　나[우리 단]의 삼령기원상? 나[우리 단]의 삼밭재 마당바위?
　　나[우리 단]의 구사고행상? 나[우리 단]의 구호동?
　　나[우리 단]의 장항대각상? 나[우리 단]의 노루목?
　　나[우리 단]의 영산방언상? 나[우리 단]의 정관평?
　　나[우리 단]의 혈인법인상? 나[우리 단]의 구간도실? 9인봉?

Ⅰ. 영산성지, 깨달음의 명상순례

명상순례
관천기의상

觀天起疑相
관 천 기 의 상

1. '영촌 탄생가' 명상순례

> 영촌 탄생가에 오신 것을 환영합니다.
> 소태산 대종사 탄생가의 안방 방문을 열고 대종사 진영에 참배한 후,
> '일원상 서원문'을 일독하십시오.

1. 대숲과 감나무와 관련된 일화입니다. 마음을 챙기어 묵독하십시오.
탄생가 주위를 둘러보시고 뒤뜰 대숲과 감나무를 찾아보십시오.

○ 부친을 놀라게 하신 일

대종사[아명: 진섭] 4세 되시던 해 어느 날, 부친과 같이 아침진지[아침밥]를 잡수시더니 어린 대종사, 당신의 밥이 적다하여 부친의 상[독상]에 있는 밥을 취하여 오므로,
부친께서 사랑스러운 생각으로 말씀하시기를
"네가 어른의 밥을 가져가니 죄가 마땅히 맞아야 하리로다."
어린 대종사 말씀하시기를
"아버지가 만일 나를 때리기로 하면 나는 먼저 아버지를 놀라게 하리라."고 하시었다.
부친은 그 말씀을 들으시고 그저 웃으시며 보통 아이의 장난하는 소리로 인증하고[여기고] 심상尋常한[대수롭지 않은] 생각으로 다른 가사家事[집안일]를 감찰監察하던[살펴보던] 중, 몇 시간 후에 몸이 좀 피곤함으로 사랑숨廊[광이 달린 방]에서 잠깐 낮잠을 자시더니, 어린 대종사 청상廳上[마루]에서 노시다가 돌연히 큰 소리를 질러 말씀하시기를
"이 앞 노루목 길에 동학군을 보라."고 하시니,
때는 갑오년[1984년] 춘간春間[봄 무렵]이라 사방에 폭민暴民[폭동을 일으키는 대중]들이 동학東學을

이용[가장]하여 민간에 약탈이 심하고, 대종사 부친 또한 가세가 과히 빈한貧寒[가난]하지 아니하므로 그 난당亂黨[폭민의 다른 말]이 "온다, 온다" 하는 예보가 있어서 항상 조심 중인 바, 부친이 잠결에 이 급보[헛 경보]를 듣고 매우 놀라 미처 정신을 차리지 못하고 곧 담을 넘어 뒤뜰 대숲에 숨었더니 오랜 후에도 아무 소리가 들리지 않는지라, 이때 모친이 그 광경을 보시고 가만히 동리洞里에 순회하여 그 난당의 거취去就[움직임]를 찾았으나 종시 흔적이 없으므로, 드디어 이상히 여기어 어린 대종사에게 그 사실 여하를 물은즉, 어린 대종사 서서히 답하여 말씀하기를

"내가 아침때에 아버지와 약조한 일을 행하였다." 하시는지라.

모친이 그 사유로써 곧 부군에게 고하였으나, 부친은 오히려 의심을 풀지 아니하고 부인으로 하여금 재차 동리를 살펴보게 한 후 다시 어린 대종사에게 그 진가眞假[참과 거짓]를 물으심에, 어린 대종사 또한 전前과 같이 말씀하신지라, 부친이 그제야 안심을 얻으시고 내심 경탄敬歎[감탄]한 바가 있었다.

『불법연구회창건사』 중에서

○ 사숙 선생을 놀라게 하신 일

대종사 10세 되시던 해에는 이러한 일이 있었다. 대종사께서 한문 서당에 다니시더니 그 훈장이 대종사의 집 뜰에 감나무가 많이 있는데도 과실 선물을 진작 아니 한다는 이유로 대종사를 미워하는 기색氣色을 보이었다.

그러나 소년 대종사는 마음은 있었으나 아직 부모의 처리處理가 없으므로 미처 과실 선물을 하지 못하던 중 때마침 동짓날[12월 21일이나 22일경]을 당하였는지라, 그 훈장이 조선 재래 습관에 의하여 동지 팥죽을 준비하였던바, 대종사와 같이 다니는 한 아이만 따로 안방에 불러 팥죽을 주고 소년 대종사는 부르지 않았다. 그뿐만 아니라 소년 대종사는 가지고 온 찬밥을 사랑舍廊에서 혼자 잡수시되 이날따라 따뜻한 물 한 모금도 얻어먹지 못한지라, 소년 대종사 내심에 좀 불쾌히 여기시더니,

어느 날 훈장에게 한 친구가 찾아와 서로 이야기를 하던 중 훈장이

"나는 평생에 누구에든지 놀라 본 적이 없고 또는 누구에게 구타나 위협을 당하여 본 바가 없었다."

고 호언장담豪言壯談한 일이 있었다.

그때 소년 대종사는 그 말을 들으시고 속으로 웃으시며 말씀하시기를,

"제가 선생님을 해지기 전에 놀라게 하리다."

하시니 훈장은 벌컥 화를 내어 말하기를

"네가 어찌 감히 나를 놀라게 하리오. 만일 놀라게 한다면 너의 집안에 용이 날 것이다."

하고 조소하는 기색을 보인 후에 또 말하기를,

"네가 만일 해가 지기 전에 나를 놀라게 하질 못한다면 어른을 조롱한 죄로 너의 종아리는 성하지 못하리라."

고 겁을 주었다. 소년 대종사 말씀하시기를,

"제가 훈장님을 놀라게 하지 못한다면 그와 같은 죄를 당하려니와 만일 놀라게 할 때는 훈장님은 어떻게 하시렵니까?"

"하기는 어떻게 해."

"제가 만일 훈장님을 놀라게 하거든 후일에는 팥죽을 주시려거든 차별은 하지 마십시오."

그때 옆에서 듣던 친구가 이상히 여기어 말하기를,

"자네 언제 저 아이에게 팥죽 안 준 일이 있었던가? 만일 자네를 놀라게 하거든 팥죽을 차별 없이 주게."

하고, 다시 소년 대종사를 불러 말하기를,

"내가 이번 약속한 일을 잘 들었으니 네가 만일 해 지기 전에 저 훈장님을 놀라게 못 할 때는 내가 들어서라도 너를 꼭 맞게 하리라."고 말하였다.

수완이 좋은 훈장은 외처에 사는 여러 사람의 산장을 수호하여 거기서 매년 벌채해낸 땔

감을 팔아 생계를 이어 나갔다. 겨울 동짓날을 전후하여 훈장은 동네 일꾼을 총동원하여 수만 다발의 소나무를 한 곳에 산더미처럼 쌓는 한편 소나무에서 떨어진 솔가지를 긁어모아 솔가지 더미 또한 집채같이 그 옆에 쌓아 놓았다.

그날 오후에 소년 대종사, 그 훈장의 일곱 살 되는 아이를 데리고 가만히 문밖으로 나와 훈장의 소유 중 하나인 나무벼늘[나뭇가지를 쌓아놓은 무더기]에 불을 놓았다.

"불이야, 불이야!" 하고 동네 사람의 외치는 소리에 훈장은 놀래 문을 열어보니 천만뜻밖에도 자기의 생명선으로 여기는 나무벼늘에 불이 붙어서 불길이 하늘로 치솟고 연기가 자욱하지 않는가.

훈장은 어떻게나 놀랐던지, 웃옷을 벗어 소변 통에 적셔서 엎어지며 넘어지며 쫓아가서 불을 끄기 시작하였다. 다행히 동네 사람들의 도움으로 간신히 불은 진정되었으나 그 대신 훈장의 수염이 다 타 버리고 그 모양은 차마 볼 수 없을 지경이었다.

불을 끈 뒤, 훈장은 방화 원인을 조사하였다. 이는 그날 나무 해온 일꾼들이 담배 피우는 중의 실화失火라 여기고 공연히 죄 없는 사람들만 닦달하였다. 그때 훈장의 아들이 저의 아버지 앞으로 나와, 불은 소년 대종사가 놓았다고 직고하였다. 이것은 미리 소년 대종사가 불을 놓으러 갈 때 그 아이를 데리고 가서 불길이 확대되기 전에 사람들에게 알리는 역할과 불 끈 뒤에 자기가 방화하였다는 사실을 일러 주는 역할을 은연중 계산에 넣었던 것이다.

그때 소년 대종사는 방화한 후 수풀 아래에 앉아 가만히 그 현장을 보고 있었다. 그 훈장은 더욱 화가 나 어찌할 바를 알지 못하고 곧 소년 대종사를 잡고자 하니 소년 대종사 말씀하시되,

"이것이 오전에 훈장님과 약속한 일을 실행함이거늘 훈장님은 어찌 그다지 성을 내시나이까."

하고 곧 달아나서 다시는 그 훈장에게 한문을 배우지 아니하였다.

그때 참견한 여러 사람은 혹은 비방도 하고, 혹은 장차 비범한 인물이 되리라고 말하였다.

『불법연구회창건사』 중에서

2. 위 일화처럼 소년 대종사는 네 살 적 부친을 놀라게 해 준다고 약속해 놓고 '노루목 길에 동학군이 나타났다' 헛 경보로 아버지를 놀라게 하여 집 뒤뜰 대숲에 숨게 한 일과 열 살 때 글방 훈장의 비교육적인 행위에 대한 저항으로 훈장을 놀라게 해주겠다는 약속을 하여 훈장의 한 해 살림 밑천인 땔감에 방화하여 훈장을 놀라게 한 이 일화를 음미하십시오.

3. 소년 대종사의 주의하는 천성과 약속한 것은 실행하는 실천력에 대해 묵상하기 바랍니다. 어린 대종사는 평소 동학을 가장한 난당들을 조심해야 한다는 어른들의 대화를 유심히 듣고 '동학군이 나타났다'고 외쳐 '아버지를 놀라게 하겠다'는 약속을 지키며, 훈장이 생계를 위해 내다 팔 목적으로 모아놓은 솔가지 땔감 더미에 불을 놓아 '해 지기 전에 훈장을 놀라게 하겠다'는 약속을 지키며, 불이 크게 번지지 않도록 미리 훈장의 아들을 데리고 가서 바로 알리게 하는 주도면밀한 소년 대종사의 주의하는 마음과 약속을 지키는 실행력에 대해 묵상하십시오. 느껴보십시오.

4. 만일 우리 주위에서 이 일화의 소년 대종사와 같이 엉뚱한 행동(?)을 하는 청소년이 있다면 어떻게 대하시겠습니까? 자녀가 소년 대종사와 같이 행동한다면 어떠할 것 같습니까?

5. 영촌 탄생가를 둘러보십시오.
아버지와 함께 아침진지를 드신 안방과 아버지가 잠깐 낮잠을 주무셨을 광이 달린 방과 어린 대종사가 노니시던 마루 그리고 어머니가 삼밭재 기도의 제물로 백설기를 장만해 주신 부엌을 순례하십시오.

"처음에는 부모 모르게 삼밭재 마당바위에서 기도 올리는 일을 시작하시었으나, 마침내 모친께서 아시고 그 정성에 감동하여 많은 후원을 하시었다."

『원불교교사』「대종사의 구도」 중에서

이처럼 모친은 소년 대종사가 가라는 서당엔 가지 않고 삼밭재에 기도하러 다니는 사실을 알고도 소년 대종사의 정성에 감동되어 부친 모르게 백설기를 쪄서 제물을 장만해 주곤 하십니다.

그러므로 영촌 탄생가는 '부모은의 산실'입니다. 특히 부엌은 모친의 사랑이 깃든 곳입니다.

6. 이러한 이야기가 깃든 영촌 탄생가를 순례하신 후 서로 문답[회화]을 나누십시오.

깨달음의 어드바이스 advice

『원불교교사』'대종사의 탄생과 유시' 중의 한 대목입니다.
"대종사, 어려서부터 기상이 늠름하시고 도량이 활달하시며, 모든 사물을 대함에 주의하는 천성이 있어, 보고 듣고 말하고 행동함을 항상 범연히 아니하시며, 매양 어른들을 좇아 그 모든 언행에 묻기를 좋아하시며, 남과의 약속에 한 번 하기로 한 일은 아무리 어려운 일이라도 반드시 실행하시었다. 어리신 때에 마을 앞 개울가에서 큰 뱀을 보고도 놀라지 않고 그를 쫓으신 일과, 4세 때 부친과의 약속을 지켜 동학군 왔다는 경보로 부친을 매우 놀라게 하신 일과, 10세 때 한문 서당 선생과의 약속을 지켜 그날 해 전에 화재火災로 그를 크게 놀라게 하신 일 등은, 대종사의 비범한 성격 일단을 보이는 일화들로서 당시 참견한 여러 사람은, 혹은 장차 큰일을 저지를 사람이라고 비방도 하고, 혹은 장차 큰 인물이 되리라고 찬탄도 하였다."

소년 대종사는 한번 하기로 약속한 일은 꼭 실천하는 천성이었습니다. 이는 『정전』 삼학의 작업취사의 결과인 '모든 일을 응용할 때에 정의는 용맹 있게 취하고 불의는 용맹 있게 버리는 실행의 힘을 얻는' 취사력과 솔성요론의 '정당한 일이거든 아무리 하기 싫어도 죽기로써 할 것이요'의 바탕입니다.
소태산 대종사의 어린 시절 품성은 향후 교법의 밑바탕이 됩니다. 진리도 소태산 대종사의 개성과 특성에 따라 교법화한 것입니다.

또한 영촌 탄생가에 깃들어 있는 소년 대종사에 대한 부모님의 사랑과 낱 없는 믿음이 소년 대종사를 진리의 큰아늘로 성장시킨 것입니다.(대산 종사 법문)

성품은 다름이 없으나 특성은 같음이 없습니다. 그러므로 성품에 바탕을 두어 각자가 갖고 있는 개성과 특성을 살려내야 합니다. 모두가 산부처이기 때문입니다. 특성이 부처의 개성입니다.
부모와 지도자는 이러한 특성을 보아서 키워 주고 길러 주어야 합니다. 이것이 바로 처처불상處處佛像 사사불공事事佛供의 교육입니다. 부당한 교육에 저항했던 소년 대종사의 정신을 우리의 가슴에 담아 진정한 교육에 대해 묵상하십시오.

이러한 경험은 『정전』의 '삼학' 및 '부모은' 또는 '불공법' 및 '타자녀 교육' 등에 등장합니다.

2. '옥녀봉' 명상순례

영촌 탄생가에서 나와 옥녀봉 하늘을 바라보십시오.
옥녀봉 기슭을 산책하거나 옥녀봉에 오르셔도 좋습니다.

1. 소년 대종사 7세 되시는 해, 어느 날 날씨가 화창하여 하늘에 구름 한 점 없고, 사방 산천에는 맑은 기운이 충만하여 마치 새 천지를 보는 듯하더니, "저 하늘은 얼마나 높고 큰 것이며, 어찌하여 저렇게 깨끗하게 보일까?" "저와 같이 깨끗한 천지에서 바람이 불고 구름이 일어나고, 그 바람과 구름은 또 어떻게 되는 것일까?"

『원불교교사』 '대종사의 발심' 중에서

소년 대종사, 이러한 의심이 일어나고 또 이어서 일어났습니다.
어느 때는 옥녀봉에 올라가 하늘에 구름이 떠다니고 산 아랫마을에서 연기가 피어오르는 것을 보고 우주가 변화하는 진리에 대하여 깊이 몰두하셨습니다.

2. "이러한 의심이 시작됨을 따라 모든 의심이 꼬리를 물고 일어나서, 9세 때부터는 나를 생각한즉 내가 스스로 의심이 되고, 부모와 형제간을 생각한즉 부모와 형제간 되는 일이 의심되고, 물건을 생각한즉 물건이 또한 의심되고, 주야가 변천하는 것을 생각한즉 그것이 또한 의심되어, 이 의심 저 의심이 한 가지로 대종사를 답답하게 하였다."

『원불교교사』 '대종사의 발심' 중에서

3. 소년 대종사는 사물을 대함에 주의하는 천성이 있어 매양 묻기를 잘하셨습니다. 보

는 것마다 의심을 내어 의심이 꼬리를 물고 일어나 천진한 호기심에서 자연에 대한 소박한 의심으로부터 대인·대물의 관계까지 의심이 확대되었습니다.

4. 대산 종사는 "대종사님은 어린 시절 대大는 천리의 자연현상을 통해, 소小는 비근한 부모 간 촌수를 통해, 유무有無는 주야사시, 인간의 생로병사를 통해 4년간 궁굴리는 공부로 대각의 열쇠인 대소유무의 이치를 차례로 의심하셨다."라고 하셨습니다.

5. 나의 수첩에는 어떤 의심 거리가 적혀 있습니까? 옥녀봉의 하늘을 바라보고 천지 변화로부터 인간 만사의 모든 것을 알고자 하는 의심을 내신 소태산 대종사의 의두疑頭를 어떻게 하면 내 것으로 삼을 수 있을지 묵상하십시오.

6. 묵상하신 후 서로 문답[회화]을 나누십시오.

깨달음의 어드바이스 advice

의심은 소태산 대종사의 발심입니다. 의심 해결을 위해 구도하였고 끝내는 모든 의심이 한 생각을 넘지 않는 대각을 이루십니다.

의심도 마음입니다. 알고자 하는 궁금한 마음입니다. 알고자 하는 마음을 통해 마음의 당처와 마음에 드러나는 일체 현상과 마음 작용의 전모를 깨달으신 것입니다.

알고자 하는 의심이 없으면 깨어있는 공부인이 아닙니다. 우리는 의심이 있어야 합니다.

'나의 옥녀봉'이라는 의심이 있어야 합니다. 나의 수첩에 옥녀봉이라는 의심의 계기가 있어야 합니다.

공부인에게 의심 거리가 없으면 깨어있는 공부인이 아닙니다. 의심 거리가 없으면 정신이 마비된 인간입니다. 알고자 하는 궁금함이 살아있어야 합니다.

이 의심 공부로 의심하는 마음의 본체[大]도 꿰뚫고, 갖가지의 의심 현상[小]이 분명하게 드러나고, 의심이 나고 사라지는 변화 작용[有無]도 역력하게 드러나는 것입니다. 그러므로 의심은 대소유무大·小·有無입니다.

소년 대종사가 천리天理의 자연현상을 연구하여 결국 우주만유의 본체인 대大 자리를 깨달으시고, 부모 간의 촌수 등 비근한 관계를 통해서 궁극에는 형형색색으로 구별되는 소小 자리를 깨달으시고, 밤낮과 사계절 그리고 생로병사와 인간의 흥망성쇠 변화를 통해 순환하고 변태變態되는 진리의 유무有無 자리도 깨달으신 것입니다.

또한, 소태산 대종사의 의심은 우주와 인생의 문제를 해결하고자 하는 일체의 문제의식입니다. 대소유무의 의심으로 시비이해의 문제를 해결하였던 것입니다. 그러므로 소년 대종사의 관천기의상은 파란고해를 광대무량한 낙원으로 인도하려는 '개교의 동기'의 발심이요 서원이라 할 것입니다. 관천기의상의 의심은 고해를 낙원으로 인도하기 위한 몸부림이요 해결할 수밖에 없는 구도의 에너지입니다.

알려고 하는 해결하려고 하는 의심이 있을 때 스스로 모든 경계의 주인이 됩니다.
의심은 모든 상황의 중심이요, 해결의 실마리입니다. 또한 진리를 구현하는 시작이기도 합니다. 의심이 있을 때 경계에 종속되지 않고 경계를 살피어 경계를 주도할 수 있습니다. 알고자 하는 의심이 있을 때 삶의 주인공으로 우뚝 서는 것입니다.

소년 소태산은 옥녀봉 아래에서 의심을 발하십니다.

옥녀봉 하늘에 떠 있는 구름과 맑은 하늘이었다가 흐려지는 등의 변화와 이로부터 꼬리를 물고 일어나는 온갖 알고자 하는 의심의 문이 열린 것입니다.

옥녀봉은 소년 대종사의 발심처입니다. 결국 소태산은 옥녀봉에서 발심이 시작되며 알고자 하는 의심 해결을 위해 구도의 길에 나서십니다.

소년 소태산처럼 삶에서 의심을 나투는 발심의 옥녀봉을 간직해야 하며,
관천기의상觀天起疑相의 소태산 대종사를 우리 삶의 스승님으로 모셔야 합니다.

우리는 옥녀봉이 되어야 합니다.
옥녀는 옥황상제의 딸로서, 구수산 옥녀봉은 옥녀가 단정하게 땋아 올린 댕기머리를 풀어 내리어, 물결이 기와를 포개 놓은 것 같은 기와여울[와탄천]에 머리감고 목욕재계하며, 와탄천 건너 촛대봉[대덕산 봉우리]으로 떠오르는 달을 촛불 삼고, 와탄천의 소드랑 섬을 분통 삼아 곱게 화장을 하고 풀어헤친 머리를 다시 정성스럽게 땋아 올리고서, 칠산 바다 멀리서 법을 가지고 오시는 성인[法聖浦]을 가슴 설레며 기다리는 형국입니다.
그래서 이 옥녀봉을 망성봉望聖峰이라고도 합니다.

그러므로 옥녀가 법의 성인을 맞이하기 위해 심신 재계하고 정성을 다해 기다리는 것처럼 우리도 옥녀봉이 되어 심신을 재계하고 소태산 스승님을 맞이하는 설렘이 있어야 합니다.
이러한 설렘이 있으려면 각자의 마음에 의심을 해결하려는 발심이 있어야 합니다.
발심이 있을 때 법을 가진 성자를 맞이하는 설렘이 있습니다.
내 마음에 의심 해결의 발심이 충만할 때 소태산 대종사의 발심이 밀려옵니다.
소태산 대종사의 관천기의상觀天起疑相이 나의 관천기의상이 되는 것입니다.
옥녀봉 건너편 설레바위봉은 법성포로부터 법의 성인이 서쪽에서 오시는 서래봉西來峰이면

서 옥녀봉이 법을 맞이하는 망성望聖의 설렘을 나타낸 것입니다.

소태산 대종사의 법을 맞이하는 설렘을 키워야 합니다. 법을 받드는 설렘이 있어야 합니다. 그러기 위해서는 먼저 발심이 솟아나야 합니다. 법을 알고자 하는 발심이 충만해야 합니다. 옥녀봉을 순례하면서 나의 발심은 충만한지 돌이켜 보십시오.

> 각자 묵상 심고를 올리신 후 '나의 관천기의상[옥녀봉]?' '우리 단의 관천기의상[옥녀봉]?'이란 의심 거리를 묵상하거나 감각감상을 기재[메모]하시고 다음 순례지로 이동하십시오.

명상순례 | 삼령기원상

蔘嶺祈願相
삼 령 기 원 상

I. 영산성지, 깨달음의 명상순례 __ 29

영촌 탄생가에서 상여봉 자락을 따라 독다리를 지나 구호동을 거쳐 삼밭재 오르는 개암골 입구에 오신 것을 환영합니다.
소년 대종사는 의심을 해결하기 위해 삼밭재 마당바위에서 만 4년간 기도 정성을 올렸습니다.
삼밭재 오르는 길은 개암골의 계곡 길을 따라 망성암을 바라보면서 큰골 정자나무 샘터를 지나 삼밭재에 오르는 길입니다.
자! 이제 소년 대종사의 그 간절한 정성을 체받아 그 심정이 되어 오르십시오.
큰골 정자나무 샘터에서 중간 쉼을 하시기 바랍니다.

1. '삼밭재 오르는 길' 명상순례

> 개암골 계곡 길을 따라 오르다가 '큰골 정자나무 샘터'에서 잠시 숨을 고르십시오.
> 잠시 묵상 심고를 올리고 '일원상 서원문'을 일독합니다.

1. 소년 대종사, 11세 되시던 음력 10월 15일에 군서면 마읍리 선산先山 문중門中 시제時祭에 참석하였다가 산신령을 만나면 모든 의심을 풀 수 있다는 말을 듣고, 이후로 날마다 구수산 삼밭재 마당바위로 산신기도 드리려 오르내리십니다. 영촌 탄생가에서 독다리를 거쳐 구호동을 지나 개암골을 타고 올라 큰골 정자나무 샘터에서 잠시 쉬었다가 삼밭재에 오르는 이 길은 15세까지 만 4년간 산신령을 만나 의심을 풀기 위해 간절한 정성으로 기도 올리려 다니시던 길입니다.

2. 이 길은 소년 대종사가 오르고 또 올랐던 길입니다. 비가 오나 눈이 오나 오르시던

길입니다. 지금 우리는 소년 대종사와 함께 걷고 있는 것입니다. 이 길은 소년 대종사와 함께 걷는 동행의 길입니다.

3. 대산 종사는 "대종사께서 11세부터 15세까지 산신을 만나려는 삼밭재 마당바위의 정성 어린 기도에 비록 산신은 만나지 못하였으나 그 원력이 뭉쳐져서 자연 마음이 통일 되셨다."고 하셨습니다.

4. 각자의 삶에서 좌절하고 포기하고픈 경우를 떠올리십시오.

5. 소년 대종사는 이 길을 비가 오나 눈이 오나 오르셨습니다. 정성으로 오르셨습니다. 소년 대종사는 당신의 체험을 통하여 모든 일을 '정성'으로 하면 이루지 못할 것이 없다고 하셨습니다.

6. 소년 대종사는 의심을 해결하겠다는 서원을 발한 후, 이 결심[信]이 흔들리지 않고 굳건하여 한 번 세운 서원이 무너지지 않았던 것입니다. 의심을 해결해야겠다는 원願을 정定하는 신信에 바탕을 둬 용장한 분발심[忿]을 내셨습니다. 알고자 하는 의심으로 산신령을 만나 해결하겠다는 마음을 정하자 신이 굳건하여 흔들림 없이 비가 오나 눈이 오나 분발하여 탐구하고[疑], 이 의심 공부에 온갖 정성[誠]을 다했던 것입니다. 결국 삼밭재 오르는 길은 신·분·의·성信忿疑誠의 길입니다.

7. 어찌하면 신분의성으로 마음이 뭉쳐서 나아갈지 묵상하시기 바랍니다.

깨달음의 어드바이스 advice

삼밭재에 오르는 개암골 계곡 길에는 소년 대종사의 구도 정성이 깃들어 있습니다. 신분의성의 체험이 서려 있는 곳입니다.

의심을 해결하기 위해 삼밭재 마당바위에 오르고 오른 길입니다. 이 길을 따라 산신령을 만나 소원을 이루기 위해 한 번 마음을 정[信]한 후, 어떤 어려움에도 끝내 분발하여[念], 모르는 것을 발견하여 알고자 하는 의심으로 묻고 또 묻고[疑], 하고 또 하는 정성[誠]을 다했던 신분의성信念疑誠의 진행 의지가 깃들어 있습니다.

소태산 대종사의 법통 제자인 대산 종사는 정성에 대해 말씀하셨습니다.
"성誠이라 함은 아침부터 저녁까지 일심一心으로 하라는 것이 아니요, 자연스럽게 마음을 쓰되 마음이 챙겨지지 않고 다른 데로 흐르면 바로바로 챙기는 것이 성誠이요 선禪인 것이다. 그러나 성을 일심의 지속이라고 마음잡는 데에만 표준 하면 안 된다. 죽은 공부가 된다. 초목이나 철석같이 계속 우뚝하니 있으니 성이나 일심이 되겠느냐? 성인聖人도 나면서부터 일심이 되어 열반에 들 때까지 일심이 되었다 하면 그것은 성인이 아니다. 그 일은 목석이 더 잘한다. 산 마음에 어찌 사심 잡념이 없겠는가. 챙기고 챙기는 데서 그 잡념이 제거되는 것이다. 밭에 풀이 나지 않으면 죽은 흙이다. 참 밭은 풀이 무성하나 그 주인이 부지런히 뽑아버려 묵히지 않을 뿐이다."

소년 대종사는 하기 싫은 마음이 나서 그만두었다가도 다시 하고 또 하신 것입니다. 비가 오면 삼밭재에 기도 가려는 마음이 나지 않으셨을 것입니다. 그래서 어느 날은 못했을 것이나 다시 마음을 내어 하고 또 하신 것입니다. 그러기에 하려다가 못하고 하고 싶으나 좌절하는 우리들의 사표가 되실 수 있는 것입니다.

신분의성은 삼밭재 오르는 개암골 이 길에서 소년 대종사와 함께 동행하면서 체험해야 합니다. 소태산 대종사의 발심·구도와 입정·대각은 신·분·의·성의 과정입니다.

천리天理와 인사人事에 의심을 내시고, 이를 다 해결하고자 하는 큰 원력을 세우시고, 투철한 신념으로 구도의 분발을 내시고, 이를 끝까지 탐구하고 탐구하는 정성을 들여서, 드디어 대각의 결실을 보신 것입니다.

이와 같은 구도 경험을 통해 소태산 대종사는 『정전』에 신·분·의·성의 교법을 밝혀주신 것입니다. 우리에게 이 길을 제시하고 인도하신 것입니다. 즉 소태산 대종사의 구도는 교법의 원천이요 체험입니다. 신·분·의·성의 구도 정신으로 우리도 구도합시다.

2. '삼밭재 마당바위' 명상순례

> 삼밭재에 오르셨으면 마당바위 주위에 자리를 잡고 앉으십시오.
> 잠시 입정하신 후 '영주' 3편과 '일원상 서원문'을 일독하십시오.

1. 삼밭재 마당바위는 구호동 마을에서 개암골 계곡을 따라 삼밭재로 올라가는 고개 정상 부근에 있는 널따란 바위입니다. 소년 대종사는 11세 후반부터 결혼하신 해인 15세까지 만 4년간 삼밭재 마당에 오르시어 눈이 오나 비가 오나 의심을 풀기 위해 간절한 정성으로 산신령께 기도드린 삼령기원상蔘嶺祈願相의 현장입니다.

2. 제물은 형편에 따라 산중의 과일을 거두거나 영촌 탄생가 뜰 앞의 감이나 집안에서 나는 음식 등을 준비하여 삼밭재 마당바위에 진설하고 동서남북 사방으로 절을 하면서 산신령에게 절규했습니다. 의문을 풀어 달라고 애원했습니다. 몸부림치셨습니다. 밤을 지새

우시기도 하였으며 비가 오나 눈이 오나 지극한 정성과 의지로 기원했습니다.

3. 소년 대종사는 바로 삼밭재 마당바위 이 자리에서 산신령에게 절규했습니다. 당신의 소원을 들어 달라고 애원했습니다. 몸부림쳤습니다. 소년 대종사는 산신령께 의심을 묻고 물으셨습니다.

4. 잠시 각자의 '기도의 대상'에 대해 묵상하십시오.

5. 산신령은 무엇입니까? 산신령의 정체에 대해 명상하십시오.
저 앞에 펼쳐져 있는 산을 바라보며 산신령에 대해 묵상하십시오.

6. 인격화되고 신격화된 신앙의 대상과 진리 그대로의 신앙의 대상은 어떻게 다른지 명상하십시오.

7. '기도의 대상'에 대해 서로 문답[회화]을 나누십시오.

깨달음의 어드바이스 advice

산신령은 무엇입니까? 타력신입니다. 의인화되고 신비화된 타력신입니다.

신신령은 일체의 의인화되고 신비화된 타력신의 대표입니다.

소태산 대종사는 대각을 하신 후 산신령이 곧 '천지은'이라는 것을 자각하십니다.

산신령은 천지은의 인격화입니다.

그러므로 삼밭재 마당바위는 '천지은의 산실'입니다.

소태산 대종사는 대각 후 신앙의 강령으로 천지·부모·동포·법률의 '사은'을 천명하셨습니다. 삼밭재 마당바위에서 산신령에게 기도 올린 체험을 통해 인격화되고 신격화된 모습을 '진리 그대로의 모습'으로 드러내 주신 것입니다.

산을 숭배하는 마음이 산신령 신앙이 된 것입니다. 이처럼 인격화되고 신격화된 산신령에 대한 사실적 체험을 통해 진리 그대로의 모습인 천지은을 드러내 주신 것입니다.
천지은의 천지의 지극히 밝은 도, 지극히 정성한 도, 지극히 공정한 도, 순리자연한 도, 광대무량한 도, 영원불멸한 도, 길흉 없는 도, 응용무념한 도가 바로 산신령인 것으로, 천지의 도道가 바로 산신령의 정체입니다.
산신령은 청정한 마음에서 드러나는 천지입니다.
소태산 대종사의 대각 안목에서 천지의 실상이 천지은으로 펼쳐진 것입니다.

이제 기도의 내상은 인격화·신격화된 허상에서 벗어나야 합니다.
인격화·신격화는 인지가 어두운 시절에 성자가 사용하신 방편입니다.
지난 시대[선천시대]에는 기도의 대상을 인격과 신격으로 포장했습니다.
앞으로 시대[후천시대]는 기도의 대상을 어느 특별한 형태로 인격화해서는 안 됩니다. 신앙의 대상은 생명·침묵·은혜를 체험하는 내적 축제의 자리이기 때문입니다.
기도의 대상은 은혜요 자비요 사랑입니다.

> 각자 묵상 심고를 올리시고 '나의 삼령기원상[삼밭재]?' '우리 단의 삼령기원상[삼밭재]?'이란 의심 거리를 묵상[연마]하시거나 감각감상을 기재[메모]하시고 다음 순례지로 이동하십시오.

명상순례 | 구사고행상

求師苦行相
구사고행상

1. '구호동 집터' 명상순례

> 구호동 집터에 오신 것을 환영합니다.
> 구호동 집터를 둘러보십시오. 본가와 외양간 및 앵두나무가 있던 마당을 떠올려 보십시오. 청년 대종사가 의심을 풀어줄 스승을 찾고자 구사고행하시던 모습을 그려 봅니다.

구호동 집터는 청년 대종사가 구사고행의 편력遍歷을 한 본거지로 구사고행상求師苦行相의 중심지이며, 또한 결혼하여 큰 딸[길선]과 큰 아들[길진]을 얻은 곳이요, 구도를 전적으로 후원해 주셨던 부친을 여읜 인생의 기쁨과 슬픔이 함께 깃든 삶의 본가입니다.
묵상 심고를 올리신 후 '일원상 서원문'을 일독하십시오.

1. "대종사, 15세 때에 부모의 명에 의하여 면내 홍곡리의 규수 양하운[濟州梁氏, 法名 夏雲]과 결혼하시고, 16세 되시던 정월, 환세 인사차로 처가에 가셨다가, 마침 마을 사람이 고대 소설[朴太溥傳, 趙雄傳 등] 읽는 것을 들으시는 중, 그 소설의 주인공들이 천신만고 끝에 도사道士를 만나 소원을 성취하는지라, 대종사의 심중에 큰 변동이 생기게 되었다.
'내가 지금까지 만나고자 하던 산신은, 5년간 한결같이 정성을 들였으나 한 번도 보이지 않으니, 가히 믿을 수 없을뿐더러, 그 유무를 확실히 알 수도 없는 것인즉, 나도 이제부터는 저 소설의 주인공같이 도사 만나는 데에 정성을 들인다면, 도사는 사람이라 반드시 없지도 아니하리라' 생각하시고, 전날의 결심을 도사 만날 결심으로 돌리시었다."

『원불교교사』「대종사의 구도」중에서

2. 청년 대종사는 15세에 홍곡리 장지촌의 양화일[化日, 법명: 하연河蓮]의 4남매 중 둘째딸

양하운 규수와 결혼하시고 16세 되던 새해에 홍곡리 처가에 새해인사 가셨다가 고대소설[古小說] 속의 주인공이 도사道士를 만나 소원을 이루었다는 이야기를 들으시고, 만날 수 없는 산신령에게 의심 해결을 구할 것이 아니라 소설 속의 도사와 같은 스승을 만나 모든 의심을 풀리라 작정하십니다.

3. "그 후로는 길에 이상한 사람이나 걸인이 있어도 그가 혹 도사가 아닌가 하여 청하여 시험해 보시며, 또한 어디에 이인異人이나 은사隱士가 있다고 하면 반드시 찾아가 보시고, 혹은 청하여 같이 지내시며 시험해 보기도 하여, 그 후 6년간 도사를 찾아 일천 정성을 다 들이시었다."

『원불교교사』 '대종사의 구도' 중에서

4. 청년 대종사, 스승 찾아 온갖 고행 다 하시기를 5~6년간을 계속하셨지만 뜻을 이루지 못하시나, 이때의 간절한 정성이 어리고 어리어서 뒷날에 스스로 새 세상을 책임지고 구원할 큰 스승이 되십니다.

5. 다음은 구사고행 당시의 일화입니다. 마음을 챙기어 주의 깊게 읽으십시오.

◯ 처사를 시험하신 일

어느 때에는 어떤 처사處士 하나가 산중山中에서 신통을 얻었다는 소문을 듣고 대종사 부친은 사람을 보내어 그를 초빙하였다.
처사는 먼저 대종사의 부친을 뵈옵고 말하기를,
"나는 산중에서 공부하여 신통을 얻은 지가 이미 오래된지라 귀하의 아드님이 만일 나를 좇아 공부한다면 반드시 불가사의不可思議의 능력을 얻게 될 것이니, 그 공부에 착수하기로 하면 먼저 귀가에서 사육하는 농우農牛 1두[농사일에 부리는 소 한 마리]를 폐백幣帛[윗사람에게 올리는 예물]으로 주겠소?"라고 하였다.

대종사 부친은 그 처사의 말을 믿고 "예. 드리지요. 제발 우리 아들 소원성취만 시켜주시오" 하고 즉시 청년 대종사, 처화[소태산 대종사의 결혼 후 이름]를 불러 그 처사와 상면相面케 하였다.

청년 대종사, 처화는 처사와 접견하고 사제師弟의 예禮를 올리지 아니하시고 말씀하시기를, "장유長幼[나이]의 구분으로 말하면 이제 마땅히 절하고 뵈올지나 오늘 서로 만난 것은 보통 회견會見과 달라서 마음이 서로 합할 때는 영원히 사제의 의義를 맺기로 할 것인즉, 선생의 가지신 포부와 능력을 이에 다 베풀어서 내게 믿는 마음이 생긴 뒤에 폐백도 드리고 따라서 사제의 예로써 뵈오리다."하시니,

그 처사 처음 상면에 예하지 아니함을 조금 불쾌히 생각하였으나 강연이 참고 말하기를, "나는 육정육갑六丁六甲[신장 이름]을 통령通靈[신령과 통함]하여 신장神將[장수신]을 능히 부르고 보내는 재주가 있으니 만일 원이 있거든 시험해 보라"고 하였다. 청년 대종사, 처화는 말씀하시되, "그러면 나의 보는 앞에서 그 신장을 실지 구경하게 하소서.", 처사 즉시 응낙하고 그날 밤부터 성한 방에 정수상을 마련하고 자기가 평소에 외던 주문을 큰 소리로 외기 시작하였다.

밤새 주문을 외워도 약속대로 신장이 나타나지 않자 처사 초조한 생각으로 다시 말하기를 "이것이 아마 근동에 초상初喪 난 집이 있거나 혹은 해산解産[분만, 출산]한 집이 있거나 만일 그렇지 아니하면 이 방에서 전자에 혹 초상, 해산 등을 지낸 듯하니 오늘 저녁에는 다른 새 방 하나를 정하여 달라."라고 간청하였다.

청년 대종사, 처화는 생각하기를,

"이것은 반드시 사술邪術[삿된 술수]이며 허무맹랑한 말이로다. 무슨 공부가 사람의 생사 있는 곳을 다 피한다면 그 어느 곳에 쓰게 되리오."하시고 이미 기대하지 않았다.

그러나 겉으로는 모르는 척하고 처사가 청하는 대로 다른 새 방 하나를 정하여 주었다. 처사는 밤새워 주문을 외우고 신장을 불렀으나 도무지 나타나지 않자 당황하여 이날 새벽

잠깐 청년 대종사가 밖에 나간 틈을 타 몰래 담을 넘어 달아나 버렸다.

6. 처사가 초상이나 해산하지 않은 방을 요구했을 때 청년 대종사, 처화는 무슨 공부가 사람의 생사 있는 곳을 다 피하는가 하고 의심하신 이유에 대해 묵상(사색)하십시오.

7. 인도상 요법人道上要法과 신통의 차이를 묵상하십시오. 사람의 길인 인도人道를 잃지 않는 공부가 무엇인지 묵상하십니다.

8. 각자의 마음에 신통이 아니라 사람이라면 떳떳이 밟아가야 할 인간의 길을 제시해 주는 스승님을 모시고 있는지 살펴보십시오. 도덕의 스승을 모시려는 마음이 간절한지 살펴보십시오. 자녀나 동료들에게 인도상 요법을 가르쳐 주시는 도덕의 스승을 모시도록 인도했는지 돌이켜보십시오.

9. 소태산 대종사 부친께서 구호동 집터에 심으신 앵두나무 열매처럼 우리의 구도에 '인도상 요법'의 열매가 맺고 있는지 살펴보십시오.

10. 자! 이제 느낀 바에 따라 서로 문답[회화]을 나누십시오.

깨달음의 어드바이스 advice

청년 대종사는 스승 찾는 고행의 과정을 통해 인도상요법人道上要法에 주체를 두어야겠다는 확신이 서게 됩니다.

『정전』을 보면 인간·인도·인생·사람이란 단어가 많이 나옵니다. 이는 사람으로서 마땅히 밟아야 할 인도人道를 제시해 주신 것입니다.

소태산 대종사의 구도는 사람의 생사고락을 벗어난 별천지를 구하는 것이 아니라, 생사고락 속에서 사람이라면 밟아가야 할 마땅한 도를 구하는 인도人道 상의 수행입니다. 신통이나 이적 또는 요행이나 권모술수의 길을 걷기보다는 사실에 타당하고 떳떳한 도道에 맞는 은혜로운 덕德의 길을 걷겠다는 결심입니다.

신통은 인과의 이치에서 벗어난 신화적 사고라면, 인간의 길인 인도人道는 신화적 신통이나 요행을 벗어난 이치에 마땅한 인간의 도리와 인생사의 길입니다.

과연 구사求師, 즉 스승은 어디에 계실까요?

스승은 도와 덕을 갖춘 지도인 입니다. 스승이 계신 곳이 교당이요 법회가 열리는 장입니다. 특히, 소태산 대종사와 인연 맺어 주는 것이 참으로 큰 도덕의 스승에게 인연을 걸어 주는 것입니다.

청년 대송사, 처화는 왜 그렇게도 간절히 스승을 찾는 고행을 하셨을까요?

그것은 깨달은 스승을 통하지 않고는 사람이라면 마땅히 밟아야 할 인도人道를 행하기 어렵기 때문입니다.

진정한 스승은 우리를 우리 자신의 삶으로 내던지는 분입니다. 모든 위대한 스승은 우리의 본래 모습을 비춰주는 거울 역할을 하십니다.

진정한 스승은 마음의 뿌리를 건드립니다. 가지를 건드려 일시적 위안을 주거나 주변 거리를 만족시키는 데 목적을 두지 않습니다. 외적 조건을 다 습득시키기보다는 내면에 구멍을 뚫어 원래의 마음을 볼 수 있게 합니다. 깨어있게 하여 문제를 해결할 법을 가르치십니다.

청년 대종사, 이러한 스승을 찾다 찾다 끝내 찾지 못하고 스스로 도를 닦아 진정한 스승이 되십니다. 사람이라면 마땅히 밟아야 할 사람의 길을 깨닫고 사람의 길로 인도引導하는 인도人道의 스승이 되십니다.

2. '구사고행에 나선 길' 명상순례

구호동 집터에서 청년 대종사께서 스승 찾아 나선 발자취를 떠올리면서 구호동 길을 나서보십시오.

1. 청년 대종사의 부모님은 아들[처화]이 대각하시기까지 후원을 아끼지 않으셨습니다.

2. 어머니는 아들이 글방 다닌다고 하면서 영촌 탄생가에서 삼밭재로 기도하러 다니는 사실을 알고도 그 정성에 감동하여 부친 모르게 심신 재계하고 조그만 시루에 흰떡을 쪄서 제물을 장만하여 주시곤 하였습니다.

3. 소태산 대종사, 어려서부터 글공부와 살림에는 뜻이 없으시고, 오직 도道 구하는 데에만 뜻을 두시니, 부친께서 처음에는 이해하지 못하고 아들의 하는 일을 반대도 하였지만, 마침내 대종사의 구도 정성에 감동하여 아들이 장래에 큰 인물이 될 것을 예측하고 아들이 하는 구도에 적극적으로 후원하였습니다.
누구든 아들의 원을 들어주기만 하면 무엇이든 선뜻 내줄 정도로 아들에 대한 정[사랑]이 각별하였습니다. 하루 이틀도 아닌 5년간을 밑도 끝도 없이 찾아오는 자칭 도사 무리에 대한 대접과 도사 찾기 위해 무시로 외부 출입이 잦은 아들의 뒷바라지로 근동에서 알아주던 알찬 가산이 무척 소모되었습니다. 아버지는 임종 시에도 "내가 처화[대종사 청년시절 이름]의 앞날 발전을 보지 못하는 것이 철천徹天의 한이다."라고 누누이 유언하며 눈을 감으셨습니다.

4. 영촌 탄생가 뿐만 아니라 구호동 집터는 소태산 대종사의 부모님 은혜가 깃들어 있

는, 서려있는 '부모은父母恩'의 산실입니다. 이 부모은의 자취를 음미하시기 바랍니다.

5. 청년 대종사, 처화는 부모님의 보살핌 아래 구호동 집에서 길룡리의 길을 따라 도사가 있다는 곳을 찾아 나서시었습니다. 부모님의 든든한 믿음 속에서 구사求師의 길을 나서신 것입니다.

6. 또는 도사라 여기는 사람을 구호동 집으로 모시고 와서 대접하고 의심을 물어보았습니다.

7. 청년 대종사, 처화의 부모님은 이러한 아들을 믿고 뒷받침해 주셨습니다.

8. 아마도 청년 대종사, 처화는 부모님의 후원을 생각하면 당신의 소원인 의심 해결을 이루지 않을 수 없었던 것입니다.

9. 소태산 대종사는 『정전』 '부모은'의 '부모 보은의 조목' 1조인 '공부의 요도 삼학·팔조와 인생의 요도 사은·사요'를 빠짐없이 밟아 부모 보은의 도리를 다하였습니다.

10. 나는 과연 '부모 보은의 조목' 1조인 '공부의 요도 삼학·팔조와 인생의 요도 사은·사요'의 길을 걷고 있는지 돌이켜 보십시오.

11. 인생을 살아가는 데 있어 나의 노력과 부모님의 뒷받침에 대해 생각해 보십시오.

12. 소태산 대종사의 부모님을 묵상하십시오. 만일 자녀가 부모의 생각과 너무도 다른

길을 가려고 한다면 소태산 대종사의 부모님같이 자식의 뜻에 따라 뒷바라지할 수 있겠습니까?

13. 혹 자식[상대방]을 부모[내 방식]의 뜻대로 재단하려고 하지는 않는지요? 자식[상대방]을 위한다는 명분으로 내 입장에서 자식[상대방]을 뜯어고치려고 하지는 않는지 묵상하십시오.

14. 나의 구도와 부모은에 대해 묵상하십시오. 서로 문답[회화]을 나누십시오.

깨달음의 어드바이스 advice

소태산 대종사는 부모님의 큰 배려와 후원이 계기가 되어 세상 모든 부모 역할에 대해 깨닫게 되었습니다. 구도를 후원해 주신 당신의 부모를 통해서 진리의 부모 역할을 부모은으로 밝혀주셨습니다.

'부모은'은 청정한 마음에서 드러나는 '부모의 진리성'입니다. 소태산의 대각 안목에 따라 낳아주고 길러주고 가르쳐주는 '세상의 역할'을 진리적 부모로 드러내신 것입니다. 소태산은 이러한 '세상의 부모 역할'을 부모은이라 밝혀주신 것입니다.

소태산 대종사는 부모의 은혜를 갚기 위해서라도 대각을 하지 않을 수 없었습니다. 대각하시고 깨달음의 눈으로 보니 당신의 부모뿐만 아니라 세상의 존재가 부모 역할을 하고 있었던 것입니다.

구호동 집터에서 구사고행의 길로 나서는 길에는 부모은이 깃들어 있습니다. 자식의 구도를 위해 헌신하고 후원했던 부모은의 자취가 새겨있습니다.

『정전』'부모보은 조목' 1조에 '공부의 요도' 삼학·팔조와 '인생의 요도' 사은·사요를 빠짐없이 밟도록 하였습니다.

소태산 대종사는 당신의 구도를 믿어준 부모님의 은덕을 갚기 위해서라도 구도의 열정을 놓지 않고 정성 다해 끝내 대각을 이루셨습니다.

소태산 대종사의 부모님 처사를 돌이켜 보면 생각할 점이 많습니다.
자식[상대방]을 내 방식으로 재단하고 뜯어고치려는 의도는 '좋은 생각'에 기초하더라도 잘못되기 쉽습니다. 바람직한 방향으로의 전환도 상대방의 입장이 아닌 내 입장에서의 시도라면 문제가 되는 것입니다.
내가 아닌 자식[상대방]의 입장에 서서 생각해 주는 것이야말로 '부모 사랑'의 가장 기본적인 불공의 예술[art]입니다. 이런 불공의 예술을 '배려'라 합니다.
'배려'는 자식[상대방]을 있는 그대로 인정하고 그가 그 자신을 잃지 않는 상태에서 할 수 있는 가장 적절한 일을 하도록 도와주고 격려해 주는 것입니다. 자식[상대방]의 고질적인 잘못을 문제 삼기보다는 그만의 장점을 발견해서 최대한 발휘할 수 있도록 격려해 주는 것입니다.
생각의 중심을 내가 아닌 자식[상대방]에 두고, 그가 자신의 재능과 기질을 능력껏 발휘할 수 있는 분야가 무엇인지 냉철히 따져서, 그가 자기 자신의 삶을 마음껏 살도록 하는 것이요, 자식[상대방]의 단점을 끌어안고 보듬어 주고 그의 장점을 칭찬 격려해 줌이 진정한 사랑입니다.
이것이 진정한 부모 되기이며 부모 보은입니다.

> 각자 묵상 심고를 올리신 후 '나의 구사고행상[구호동]?' '우리 단의 구사고행상[구호동]?'이란 의심 거리를 묵상[연마]하거나 감각감상을 기재[메모]하시고 다음 순례지로 이동하십시오.

명상순례 | 강변입정상

江邊入定相
강 변 입 정 상

1. '귀영바위 집터와 굴' 명상순례

| *귀영바위 집터와 귀영바위 굴에 오신 것을 환영합니다.*

청년 대종사, 아름드리 거목[당산나무]이 서 있는 이곳 귀영바위 굴에서 '이 일을 장차 어찌 할꼬?'라는 심사미정心事未定의 마음이 깊어지며 떠오르는 주문을 독공하십니다.
이곳 귀영바위 집터는 부친이 별세하신 후 남게 된 빚과 집안일을 책임지게 되어 오랫동안 끈질기게 불타오르던 구도의 의지를 일단 중단하고 주막을 차렸던 곳입니다.
그러나 경험해 보지 않은 장사이다 보니 벌이도 신통치 않고 채산이 맞지 않았고, 구도에 대한 열정에 틈만 나면 귀영바위 주막 가까이에 있는 귀영바위 굴에 가서 '이 일을 장차 어찌할꼬?' '어찌하면 이 뜻을 이룰꼬?' 하는 염원에 잠기곤 했으며, 문득 솟아오르는 주문을 외시기도 한 곳입니다.

1. "원기 전 6년[1910·庚戌] 경술 10월, 소태산의 부친은 끝내 별세하십니다. 이에 소태산 대종사, 생활과 구도의 후원을 일시에 잃게 되었고, 이미 큰 형과 아우는 출계出系 분가하였고, 중형은 일찍 별세한지라, 모친의 봉양과 권속의 부양을 다 책임지시게 되니, 뜻 없는 살림과 경험 없는 고생에 그 괴로움은 이루 다 말할 수 없으시었다."

   『원불교교사』'대종사의 입정' 중에서

2. 청년 대종사, 처화는 20세까지 부친의 정신·육신·경제의 보호 속에서 구도하다가 부친의 별세로 가사부담과 구도를 동시에 이행해야 하는 책임을 안게 됩니다.

3. "그뿐만 아니라, 6년 동안 구하고 바라던 도사도, 수많은 사람을 접응하여 보시었으

나, 바른 스승을 찾을 곳이 없게 되매, 22세 때부터는 도사 만날 생각도 차차 단념하시고 '이 일을 장차 어찌할꼬?' 하는 한 생각만 점점 깊어져 갔다. 처음에는 생활에 대한 계교심도 혹 있었고, 고생이라는 느낌도 혹 있었으나, 세월이 갈수록 다른 생각은 다 잊으시고, 오직 그 한 생각으로 아침에서 저녁에 이르고 저녁에서 아침에 이르시며, 때로는 저절로 떠오르는 주문呪文도 외우시고, 때로는 고창 연화봉[全北 高敞郡 心元面 蓮花峰] 초당 등으로 장소를 옮기어 정신을 수습도 해 보시었으나, 25세 때 부터는 '이 일을 장차 어찌할꼬?' 하는 그 생각마저도 잊어버리게 되어, 점점 행하여도 행하는 줄을 모르고, 말하여도 말하는 줄을 모르며, 음식을 드시어도 드는 줄을 모르는 지경에 이르렀다."

『원불교교사』 '대종사의 입정' 중에서

4. 이때 청년 대종사, 처화는 '구도의 자세'에 일대 변화를 가져옵니다. 가슴에 맺힌 의심 해결을 도사에게서 구하던 것을 자신의 안에서 스스로 찾게 된 것입니다. 즉 밖에서 찾던 문제 해결 방식을 안으로 돌려 자신에게서 찾으려는 대전환이 시작된 것입니다.

5. "대종사 발심하신 후로부터 주야 없이 솟아오르는 주문呪文 두 절節이 있다. 하나는 '우주신 적기적기宇宙神適氣適氣'라는 주문인바 그 후 어쩐 줄 모르게 '시방신접기접기十方神接氣接氣'라고 고쳐 불렸다. 또 한 절은 '일타동공일타래一陀同功一陀來 이타동공이타래 삼타동공삼타래 사타동공사타래 오타동공오타래 육타동공육타래 칠타동공칠타래 팔타동공팔타래 구타동공구타래 십타동공십타래'라는 주문이었다. 이 두 가지 주문은 구도 당시 기도를 올리실 때마다 늘 부르셨다 한다."

『대종경선외록』 구도고행장 1절

6. 귀영바위 굴에서 '우주신적기적기宇宙神適氣適氣'와 '시방신접기접기十方神接氣接氣' 주문을 독송하십시오.

이제 '일타동공일타래一陀同功一陀來 …… 십타동공십타래' 주문을 독송하십시오.

깨달음의 **어드바이스** advice

귀영바위 주막 터와 귀영바위 굴은 세상살이의 고생과 의심 해결의 방법 전환에 대한 의지가 깃든 곳입니다. 산신령을 찾을 수 없고 산신령의 실존에 대한 의문이 생기니 방법을 바꾸어 도사를 찾고 도사에게서도 의심을 해결하지 못하자 스스로 해결하려는 방향으로 구도하셨던 것입니다.

또한 이때 문득 떠오르시어 외우신 '우주신 적기적기'와 '시방신 접기접기' 주문은 우주와 시방과 하나가 되어 생멸의 분별이 사라지는 불생불멸의 체험에 들게 되며, "일타동공 일타래 … 십타동공십타래" 주문은 한 언덕[一陀]을 넘는 공功들임을 한 가지[同]로 오롯이 드리면 한 언덕을 넘는 일타래一陀來의 결과가 온다는 인과보응의 체험에 들게 됩니다.

'우주신 적기석기'와 '시방신 접기접기'의 주문[適氣接氣呪]을 통해 상대가 끊어진 절대의 자리를 깨닫는 계기가 되며, "일타동공 일타래 ‥‥‥ 십타동공십타래"의 주문[同功呪]을 통해 원인이 있으면 반드시 결과가 있는 상대적인 진리를 깨닫게 되는 기연이 된 것입니다.

이와 같은 적기 접기 주문과 동공주 주문은 소태산 대종사의 대각에 의해 생멸 없는 도와 인과보응 되는 이치로 정립됩니다. 우리도 이를 일상 살림살이와 직장 및 사업에서 체받도록 합시다.

2. '선진포 입정터' 명상순례

| *선진나루 입정터에 오신 것을 환영합니다.*

선진포 입정터는 청년 대종사, 처화가 어느 날 법성포 장터로 가던 도중 이곳 선진나루터에서 한나절 동안이나 장승처럼 우두커니 상태에 잠기셨던 강변입정상江邊入定相의 현장입니다.

1.   청년 대종사는 그동안 원하던 바가 뜻대로 안 되시어 '장차 이 일을 어찌할꼬?'라는 한 생각에 몰두 되어 오직 이 한 생각으로 아침에서 저녁에 이르고 저녁에서 아침에 이르시었습니다. 그 후 25세 때 부터는 '이 일을 장차 어찌할꼬?'하는 그 생각마저도 잊어버리게 되어, 점점 행하여도 행하는 줄을 모르고, 말하여도 말하는 줄을 모르며, 음식을 드시어도 드는 줄을 모르는 지경에 이릅니다. 이 생각마저 다 잊게 되시는 입정 상태가 되십니다.

『원불교교사』'대종사의 입정' 중에서

2.   24세 되던 어느 날 노루목 초가삼간에서 아침밥을 비빈 채 수저를 놓고 우두커니 앉아, 오전 한나절을 망연히 정定에 들거나, 귀영바위 가는 길에서 오줌을 누다가 수습할 새도 없이 그냥 우두커니 선 채로 한나절을 보내기도 하며, 무더운 여름 어느 날 아침 정신이 맑아져 법성포 장에 간다며 장꾼들과 동행해 가던 중 선진포 나루에서 모든 생각을 끊고 한나절 동안 장승처럼 우두커니 서 있어 마을 사람들을 놀라게 합니다.

3.   와탄천을 바라보며 마치 청년 대종사가 우두커니 정定에 들었듯이 한동안 입정하십시오.

4. 청년 대종사가 이 자리에서 정定에 드신 모습을 떠올리십시오.

청년 대종사, 처화는 커다란 구도 열정에 쌓였습니다. 그럴 때마다 여건은 더욱더 절망적이었습니다.

부친의 열반과 부친이 남긴 빚 독촉, 나라 잃은 한恨, 약자의 서러움 등으로, 구도의 열정에 비례해 절망은 더욱 컸습니다.

5. 청년 대종사가 선진나루에서 와탄천을 우두커니 바라보았듯이 그 강물의 흐름을 바라보십시오.

6. 이제 자신의 삶 속에서 가장 기대에 부풀었거나 열정이 치열했던 상황을 떠올리십시오.

7. 용서할 수 없고, 밉고, 원망스러운 일을 떠올리십시오.

8. 기대와 열정에 부풀었던 일과 용서할 수 없고, 밉고, 원망스러웠던 일을 이젠 놓아버립시오. 선진포의 강물에 다 던져 버리십시오.

9. 다 놓아버린 대방하大放下의 상태에서, 무엇과도 비교하지 말고 있는 그대로 존재해 보십시오.

10. 자! 이제 서로 느낀 바를 이야기(회화) 나누십시오.

깨달음의 어드바이스 advice

이곳 선진포 입정터는 청년 대종사께서 어느 날 법성포 장터로 가던 도중 이곳 선진나루터에서 한나절 동안이나 장승처럼 우두커니 입정入定상태에 잠기셨던 강변입정상의 터전입니다.

청년 대종사는 이때 부호의 성가신 빚 독촉에 대한 분노, 조국에 대한 일제의 강점과 탄압에 대한 울분, 더불어 민초들의 열악한 삶에 대한 연민 등의 대립한 마음과 상극의 마음을 녹이어, 미움을 넘어서 모든 것을 다 녹여내고 풀어버리는 대해원과 서로 살리는 상생의 체험을 하게 됩니다.

강자·약자의 한계를 넘어 심지어 도를 구하려는 그 마음마저 놓아버린 대해탈의 체험을 하십니다. 이는 크고 원만한 진리를 깨닫는 기반이 된 것입니다.

이 대각의 바탕인 입정은 어떤 상태일까요?
미래에 무언가를 구하고자 하는 기대나 열정은 욕망이요 욕심입니다.
지금 여기에서 만족하지 못하는 것입니다. 지금, 이 순간 무언가에 걸려있는 것입니다. 집착해 있는 상태입니다. 한계에 붙들려 있는 것입니다. 넘어서지 못한 것입니다.
이때 청년 대종사, 처화는 선진나루 입정터에서 모든 것을 내려놓으셨습니다.
선진포 강변에서 청년 대종사, 처화는 입정에 드십니다. 이 강변입정상江邊入定相의 입정은 분별성과 주착심이 떨어진 두렷하고 고요한 정신을 체득한 자리입니다. 선진포 이 자리에서 일체의 경계에 끌리지 않는 마음 바탕의 경지를 맛보신 것입니다.
구도에 대한 아쉬움, 부친의 열반과 불효, 가산 운영의 고충, 나라의 파국과 민초의 고통에 대한 연민, 약자의 강자에 의한 강탈 등 일체의 경계에 흔들리지 않는 고요하고 두렷한 마음의 근원을 체득하여 정신개벽을 함축한 것입니다.

구하고자 하는 마음의 열정을 놓았습니다. 거짓된 희망을 버렸습니다. 그러니 절망도 녹아 버렸습니다. 희망이라는 미명 아래 자기의 욕심에 얽혀 있는 일체의 집착을 놓는 대휴식에 들었습니다.

자! 이제 우리도 마음의 휴식처에 들어가 봅시다. 모든 기대나 욕구 또는 열정을 놓으십시오.
놓고 또 놓으십시오. 쉬고 또 쉬어 보십시오.
자식에 대한 기대, 자신의 미래에 대한 야망[꿈]을 놓아 보십시오.
아무 조건과 이유를 붙이지 말고 바로 쉬어 보십시오.
아무 생각도 하지 말고, 내면의 요란함을 멈추어 보십시오.
생각이 일어나거든 저 하늘의 구름을 보듯이 그냥 흘려보내십시오.
이러한 주시하는 마음으로 숨을 들이쉬고 내쉬십시오.
호흡을 휴식의 리듬으로 여기십시오.

선진포를 나의 선진포로, 내면의 선진포로 여기고 입정에 들어 보십시오.
무언가 어색하고 무엇을 해야 할지 모르겠으면 그냥 앉아 계십시오.
무언가 생각이 떠오르면 생각이 있다가 자연스럽게 떠나가도록 지켜만 보십시오.
생각은 왔다가 떠나갑니다.
상념과 싸우지도 협조하지도 마십시오.
그리고서 다시 호흡에만 주시하십시오. 이 주시자만 홀로 드러나도록 하십시오.
서서도 가능하고 걸으면서도 가능합니다. 아무것도 하지 않고 가만히 있기를 체득하십시오.
내면 안에서 휴식하며 그저 앉아 있는 것입니다.
이렇게 하는 데는 좀 시간이 걸릴 것입니다.
그것은 우리가 휴식하지 못 하도록 길들어 왔기 때문입니다.

정定에 든다는 것은 긴장을 풀고 휴식하는 법을 즐기는 것입니다.

쉬고 또 쉬고, 놓고 또 놓고, 그 순간 그 자리에서 주시자로만 머물러 있는 것입니다.

마음에 자주自主의 힘이 낭연독존朗然獨存 할 것입니다.

걸림 없는 하늘이 마음에 펼쳐진 것입니다.

> 각자 묵상 심고를 올리신 뒤 '나의 강변입정상[선진포]?' '우리 단의 강변입정상[선진포]?'이란 의심 거리를 묵상[연마]하시거나 감각감상을 기재[메모]하시고 다음 순례지로 이동하십시오.

명상순례 | 장항대각상

獐項大覺相
장 항 대 각 상

1. '노루목 대각터' 명상순례

> 노루목 대각터에 오신 것을 환영합니다.

노루목獐項은 산의 모습[山形]이 노루가 냇가에 와서 머리를 숙여 물을 마시는 모습을 닮았다 하여 이름 붙여진 고개입니다. 노루의 머리 부분은 기암괴석과 귀목[당산나무] 등으로 형성되어 있고, 노루의 목[項] 부분으로는 작은 오솔길이 나 있으며 선진포와 법성으로 가기 위해서는 이 길을 거쳐야 되므로 사람들의 내왕이 많았으며, 경치가 수려하고 고인돌이 있어 다리쉼하기도 좋은 휴식처로 이용되었습니다.

1. 소태산 대종사, 병진년(1916년) 음 3월 26일 노루목 초가삼간에서 입정돈망 상태로부터 출정하시어, 큰 깨달음인 대원정각大圓正覺을 이루십니다.

2. "원기 원년[1916·丙辰] 음력 3월 26일 이른 새벽에 소태산 대종사, 묵연히 앉으셨더니, 우연히 정신이 쇄락해 지며, 전에 없던 새로운 기운이 있으므로, 이상히 여기시어 밖에 나와 사면을 살펴보시니, 천기가 심히 청랑淸朗하고 별과 별이 교교皎皎하였다."

『원불교교사』 '대종사의 대각' 중에서

3. '쇄락'한 경지를 묵상하십시오.
'정신이 쇄락灑落해졌다'는 것은 비 온 뒤 맑은 바람과 밝은 달과 같이 마음이 맑고 깨끗하여 상쾌하고 걸림이 없는 경지에 들었다는 것입니다.

4. 새로운 기운은 새로운 기분이 들었다는 것입니다. 그러하여 천기가 청랑하고 별들

이 교교했던 것입니다. 청랑은 맑고 맑은 상태이며 교교皎皎는 초롱초롱한 상태입니다.

5. 이는 대각의 심경으로, 정신이 쇄락하여 전에 없던 새로운 기분인 대원정각大圓正覺이 솟아오른 것입니다. 그렇기에 하늘 기운이 전에 보던 하늘 기운이 아니라 청정하게 드러나는 하늘이며, 별빛이 전에 보던 별빛이 아니라 두렷하게 빛나는 별이었습니다. 노루목은 이제 새 하늘 열린 동산입니다.

6. 이러한 심경을 '청풍월상시淸風月上時에 만상자연명萬像自然明'이라 노래합니다.

『대종경』 성리품 1장

7. "이에, 맑은 공기를 호흡하시며 뜰 앞을 두루 배회하시더니, 문득 이 생각 저 생각이 마음에 나타나, 그동안 지내 온 바가 모두 고생이 아닌가 하는 생각이며, 고생을 면하기로 하면 어떻게 하여야 하겠다는 생각이며, 날이 밝으면 우선 머리도 빗고 손톱도 자르고 세수도 하리라는 생각이 일어났다. 날이 밝으매, 대종사, 먼저 청결한 기구들을 찾으시는지라, 이를 본 가족들은 대종사의 의외 행동에 한 편 놀라고 한 편 기뻐하여 그 동작을 주시하였으니, 이것이 곧 대종사 출정出定의 초보이었다."

『원불교교사』 '대종사의 대각' 중에서

8. 출정出定의 과정을 묵상하십시오.

9. 이러한 출정의 과정이 바로 '대원정각의 발현'으로, 노루목은 '장항대각상의 현장'입니다.

10. 노루목 초가삼간[만고일월비 주변]에서 묵연히 좌정하던 중 정신이 쇄락해진 사건과 뜰 앞[일원상 대각탑]을 거니시며 정신이 쇄락한 가운데 생각이 정연하게 전개되는 출정의 과정은 장항대각상의 파노라마입니다.

11. '그동안 지내 온 바가 모두 고생이 아닌가'하는 한 생각, '고생을 면하기로 하면 어떻게 하여야 하겠다'는 한 생각, '날이 밝으면 우선 머리도 빗고 손톱도 자르고 세수도 하리라'는 한 생각에 이미 동녘에 솟는 해처럼 대각이 솟아올랐던 것입니다.

『원불교교사』'대종사의 대각' 중에서

대각의 빗질이요, 대각의 손톱 자르기이며 대각의 세수였습니다.
생활을 이렇게 저렇게 해야겠다는 순서를 펼치신 것은 소태산 대종사의 대각 특징입니다.
소태산의 대각은 인도人道의 생활 속에서 전개된 것입니다.

12. 이어서 대원정각을 확인하는 기연을 만나게 됩니다.
"그날 조반 후, 이웃에 사는 몇몇 마을 사람이 동학의 동경대전東經大全을 가지고 서로 언론言論하는 중, 특히 '오유영부吾有靈符 기명선약其名仙藥 기형태극其形太極 우형궁궁又形弓弓'이란 구절로 논란함을 들으시매, 문득 그 뜻이 해석되는지라, 대종사 내심에 대단히 신기하게 여기시었다."

『원불교교사』'대종사의 대각' 중에서

14. 병진년 음 3월 26일. 이날은 구수미 장날로, 인근의 마을 사람들이 장에 가는 중 노루목에서 다리쉼을 합니다. 그러니까 노루목은 사람들이 들락거리는 활동적인 공간이었습니다. 이러한 동적인 공간에서 대원정각을 확인하는 기연을 만납니다.

15. 대원정각을 확인하는 그 첫 번째 인연으로 '오유영부吾有靈符 기명선약其名仙藥 기형태극其形太極 우형궁궁又形弓弓'이라는 '동경대전'「포덕문」중의 한 구절에서 일원상을 확인하십니다.

활 두 개를 합친 우형궁궁又形弓弓의 둥근 모습을 인연하여, 하나로 두렷한 자리[一圓相]를 확인하신 것입니다. 입정돈망에서 출정하여 정신이 쇄락한 가운데 천기가 청랑하게 드러나는 경지를 활 두 개를 합친 일원상으로 드러내신 것입니다.

텅 비어 고요한 자리에서 두렷이 드러나는 만법은 한 체성이요 한 근원으로 한 두렷한 일원상 자리입니다.

16. 이어서 두 번째 인연을 만납니다.
"얼마 후, 또한 유학자 두 사람이 지나다가 뜰 앞에 잠깐 쉬어 가는 중,『주역周易』의 '대인大人 여천지합기덕與天地合其德 여일월합기명與日月合其明 여사시합기서與四時合其序 여귀신합기길흉與鬼神合其吉凶'이라는 구절을 가지고 서로 언론함을 들으시매, 그 뜻이 또한 환히 해석되시었다."

『원불교교사』'대종사의 대각' 중에서

17. 유학자 두 사람이 노루목을 지나다가 『주역』의 「건위천괘」 문언전 한 대목을 논의하게 되는 두 번째 사건을 만나게 됩니다.

18. 노루목의 느티나무나 팽나무 아래 고인돌 등에 앉아서 다리쉼을 하였을 유학자 두 사람은 '대인은 천지와 더불어 그 덕에 합하고, 일월과 더불어 그 밝음에 합하고, 사시와 더불어 그 순서에 합하고, 천지의 영험한 작용인 귀신과 더불어 그 길흉에 합한다.'는 구절을 가지고 서로 논쟁하는데, 이를 듣던 소태산 대종사는 그 뜻이 환히 밝아지는 대사건에 직면합니다.

19. 소태산 대종사는 정신이 쇄락한 경지에서 천지조화와 기운이 청랑하게 드러난 것입니다.

천지, 일월, 사시, 귀신이 정신이 쇄락한 경지에서 두렷하게 드러난 것입니다.

청정한 일원상 자리에서 천지만물의 작용이 교교하게 드러난 것입니다.

20. 소태산 대종사는 정신이 쇄락한 일원상의 자리에서 천지만물을 온전히 드러내신 것입니다.

정신이 쇄락한 경지에서 천지를 환히 드러내어 여천지합기덕與天地合其德하고,

해와 달과 하나 되어 그 밝음이 여일월합기명與日月合其明하고,

춘하추동 사시와 하나 되어 그 순서가 여사시합기서與四時合其序하고,

천지의 생생약동하는 작용인 귀신과 하나 되어 그 길흉에 끌리지 않는 여귀신합기길흉與鬼神合其吉凶으로 드러난 것입니다.

21. 정신이 쇄락하여 천기가 청랑하고 별들이 교교한 일원상 자리에서 천지조화가 두렷이 드러나는 것을 확인하신 것입니다.

천지 순환이나 사계절의 변화가 일원상의 나툼이며, 온갖 만물의 변태가 다 일원상의 작용입니다.

22. "이에 더욱 이상히 여기시어 '이것이 아마 마음 밝아지는 증거가 아닌가' 하시고, 전날에 생각하시던 모든 의두를 차례로 연마해 보신즉, 모두 한 생각에 넘지 아니하여, 드디어 대각을 이루시었다."
『원불교교사』'대종사의 대각' 중에서

23. '한 생각을 넘지 않는 자리'를 돌이켜 보십시오.

24. 의두는 알고자 하는 궁금함입니다. 궁금해 하는 의두도 또한 마음입니다. 모르는 것도 마음의 나타남이요 모르는 것을 알고자 하는 것도 마음의 작용입니다. 또한 알고자 하는 마음 바탕도 마음입니다.

25. 그러므로 모든 의두가 한 생각을 넘지 아니합니다. 의심하는 당처를 직시한 자리에 모든 의두가 한 생각을 넘지 않게 됩니다. 의심 자체가 바로 일원상입니다.
이와 같이 한 생각을 넘지 않는 자리를 소태산 대종사는 일원상으로 드러내고 있습니다.

26. "대종사, 이에 말씀하시기를 '만유가 한 체성이며 만법이 한 근원이로다. 이 가운데 생멸 없는 도와 인과보응 되는 이치가 서로 바탕하여 한 두렷한 기틀을 지었도다.' 하시었다."

『원불교교사』 '대종사의 대각' 중에서

27. 노루목 초가가 있는 만고일월비와 마당 주위인 일원상 대각탑을 순례하고 소태산의 '대각 일성'을 읊조립시오.

28. 이제 조용히 만고일월비와 일원상 대각탑을 바라봅니다.
소태산 대종사의 대각하시는 그 순간을 음미해 봅니다.
"만유가 한 체성이요 만법이 한 근원이로다."

29. 일원상 대각탑과 내가 한 체성이며 한 근원입니다.
저 하늘땅 천지와 내가 한 체성이며 한 근원입니다.

30. 서로 느낀 점을 이야기[회화] 나누십시오.

깨달음의 어드바이스 advice

노루목 대각터의 하늘과 하늘의 구름을 바라보십시오. 그냥 그대로 보십시오.

과거의 추억이나 미래의 꿈을 투영하시지 마시고 마냥 그대로 봅니다.

구름과 구름 사이에 마음을 모아 봅니다.

무엇이 보입니까? 푸르고 맑은 하늘이 보입니까?

이제는 구름의 배경을 살펴보십시오. 구름 너머는 맑은 하늘입니다.

구름이 있든 없든 하늘에 떠 있을 뿐입니다.

이제는 각자의 마음에 떠오르는 생각들을 살펴보십시오.

생각과 생각 사이의 틈을 비추어 보십시오.

이젠 이 생각들의 배경을 직관하십시오.

생각이 일어난 자리를 돌이켜 보시기 바랍니다. 생각을 따라가지 말고 생각이 일어난 바탕을 직시하십시오.

생각의 바탕을 비추어 보면, 분별 주착이 없는 원래 마음자리가 관조될 것입니다.

저 구름과 구름 사이의 맑은 하늘처럼, 구름의 배경인 맑은 하늘처럼, 생각이 나오는 바탕인 원래 마음자리가 직관될 것입니다. 즉 우리의 본래 마음에는 분별 주착이 없는 자리임을 확인하실 수 있을 것입니다.

이 자리에서 보면 만유가 다 한 체성이며 한 근원입니다. 이렇게 텅 비어 고요한 자리[大]에서 일체 만물의 현상[小]이 두렷이 드러나고 만상의 변화 작용[有無]이 역력한 것입니다.

하나로 두렷한 궁궁ㄹㄹ한 자리에서 '여천지합기덕與天地合其德 여일월합기명與日月合其明 여사시합기서與四時合其序 여귀신합기길흉與鬼神合其吉凶'하게 드러납니다. 하나로 두렷한 궁궁ㄹㄹ의 일원상 자리에서 천지만물[천지·부모·동포·법률]이 펼쳐집니다.

노루목 대각터의 만고일월비가 드러난 그 본연 청정한 마음바탕에 일원상 대각탑도 선명하게 드러나며 노루목의 사계변화도 역력합니다.

이 마음자리를 『대종경』 성리품 1장에서 청풍월상시淸風月上時 만상자연명萬像自然明이라고 밝혀주셨습니다. 청풍월상이 하나로 두렷한 일원상 마음이며, 만상자연명이 곧 이 일원상 마음의 발현입니다.

2. '노루목 오솔길' 명상순례

| 대각 일성을 염송하시면서 노루목 오솔길을 거닐어 보십시오.

1. 소태산 대종사, 대각하시고 그 심경을 "마음이 홀로 기쁘고 스스로 뿌듯하다[심독희자부·心獨喜自負]"고 하셨습니다.

2. 여러분은 어느 때 기쁘십니까? 기쁘고 즐거웠던 때를 마음에 떠올려보십시오.
기쁘고 즐거웠던 이유와 조건을 생각해 보십시오.

3. 어느 때에 스스로 뿌듯했는지 마음속으로 떠올려보십시오.
만일 남들이 나보다 먼저 성공[직장에서 같은 동료가 먼저 진급하거나 집을 먼저 장만하는 등]한다면 마음이 어떻습니까?

4. 아무 이유와 조건 없이, 아무 비교 없이 홀로 기쁘고 뿌듯할 수 있습니까?

5. 만유가 한 체성이며 만법이 한 근원인 일원상 자리를 깨달아야 심독희자부가 됩니다. 스스로 기쁘고 뿌듯한 자리에 드는 것입니다.

심독희자부心獨喜自負한 자리가 만유가 한 체성인 자리요 만법이 한 근원인 자리입니다.

6. 한 체성의 마음자리와 한 근원의 마음자리를 직시해 보십시오.

7. 서로 느낀 점을 이야기[회화] 나누십시오.

깨달음의 어드바이스 advice

남과 비교해서 잘 낫다고 여기든지, 남과 경쟁해서 이겼다고 자부한다면 이는 '심독희자부獨喜自負'가 아닙니다.

자식이 부모의 기대에 부응했다고, 또는 일이 뜻대로 잘 되어 기쁘다고 '심독희자부'인 것은 아닙니다. 기쁨 속에서도 허전한 것입니다. 기쁨이 더욱 슬픈 일의 원인이 될 수도 있습니다.

깨달음의 기쁨과 자부심은 짝이 없이 드러나는 마음 그대로 기쁘고 즐겁고 뿌듯한 것입니다. 드러나는 마음을 두렷이 직면하면 지금, 이 순간에 아무 이유와 조건 없이 기쁘고 즐겁고 뿌듯한 경지입니다.

이 기쁨과 즐거움 그리고 자부심을 방해할 아무것도 없습니다. 이를 더욱 되새기십시오.

두렷이 '심독희자부'의 마음자리를 느껴보십시오. 이 자리는 반갑고 기쁘고 은혜롭습니다.

3. '돛드레미 최초설법 터' 명상순례

> 노루목에서 돛드레미 이씨 제각 가는 옛길을 따라 천천히 거닐어 보십시오.

1. 소태산 대종사, 대각 후 여러 경전을 열람하여 안으로 모든 교법을 참고하신 후, 다시 밖으로 시국을 살펴보시어, 정신 도덕의 부활이 무엇보다 시급함을 느끼시고, '물질이 개벽되니 정신을 개벽하자'라는 표어를 제창하시고 돛드레미 이씨 제각에서 시국에 대한 감상과 그에 따른 '새 세상 건설의 대책'을 「최초법어」로 발표하십니다.

    『원불교교사』'최초의 법어' 중에서

2. '물질이 개벽되니 정신을 개벽하자'는 표어를 음미하십시오.

3. 돛느레미 이씨 제각 터에 들어서면 '새 세상 건설의 대책'으로 '최초법어'를 설한 기운을 느껴 보십시오.

4. 돛드레미에서 돛을 드리우십시오. 법풍을 맞을 법의 돛을 내리십시오.

5. 자! 이제 서로 느낀 바를 이야기(회화) 나누십시오.

깨달음의 어드바이스 advice

돛드레미에서 소태산 대종사의 법풍法風을 맞아야 합니다.
돛드레미[범현동]는 배에 짐을 싣고서 장다리봉의 골바람을 맞기 위해 돛[범帆]을 드리우는[현

懸 곳입니다.

소태산은 대각의 시각으로 사회를 살펴보시고 '물질이 개벽되니 정신을 개벽하자'는 표어를 외치십니다.

소태산은 물질문명이 발달하여 가는 현장에서 구도하셨습니다. 소태산의 대각은 물질문명을 선용할 정신문명을 포괄하는 깨달음입니다. 그러므로 소태산의 대각은 정신개벽의 대각입니다.

소태산의 발심·구도·입정·대각에는 물질문명을 배경으로 발심하고 구도하고 입정·대각하신 것입니다. 그러므로 소태산은 물질이 개벽 되어가는 세상에 물질을 선용할 정신을 개벽하자고 외친 것입니다. 이 정신개벽의 핵심이 바로 일원상을 깨달으신 대원정각大圓正覺입니다.

이 물질문명을 잘 선용할 정신을 개벽하자는 대원정각으로 '최초법어'를 설하신 것입니다.

돛드레미 이씨 제각에서 '새 세상 건설의 대책'인 '최초법어'를 봉독하시기 바랍니다.

돛드레미 이곳에는 소태산 대종사의 법풍이 붑니다. 인생의 여울에서 돛을 내려야 할 때가 있듯이 법풍을 맞아야 낙원에 인도됩니다. 내 공부 내 경계에 돛을 내려 소태산 대종사의 법풍을 삶의 구석구석에서 맞이해야 합니다. 내 삶과 내 경계에 돛을 내려 소태산 대종사의 대각과 개교표어와 최초법어의 법풍을 맞아야 할 것입니다.

> 각자 묵상 심고를 올리신 뒤 '나의 장항대각상[노루목]?' '우리 단의 장항대각상[노루목]'이란 의심 거리를 묵상[연마]하시거나 감각감상을 기재[메모]하시고 다음 순례지로 이동하십시오.

명상순례
영산방언상

靈山防堰相
영산방언상

I. 영산성지, 깨달음의 명상순례 __ 67

1. '정관평' 명상순례

> *정관평*貞觀坪에 오신 것을 환영합니다.

정관평은 원기3년(1918) 음 4월 4일 시작하여 원기4년(1919) 음 3월 26일 준공되며, 준공 무렵 허가권 분쟁이 일어났으나 9월 16일 자로 전라남도 제161번째로 간석지 대부 허가(《전라남도 국유미간지 허가대장》 제161호)가 나옵니다.

1. "방언 공사는 원기4년(1919·己未) 3월에 준공되니, 공사 기간은 만 1개년이요 간척 농토 면적은 2만6천여 평坪이었다. 대종사, 피땀의 정성 어린 새 농장을 '정관평'이라 이름하시니, 이는 오직 대종사의 탁월하신 영도력과 8인 제자의 일심 합력으로써 영육 쌍전의 실지 표본을 보이시고, 새 회상 창립의 경제적 기초를 세우신 일대 작업이었다."

『원불교교사』 '정관평 방언 공사' 중에서

이처럼 정관평은 소태산 대종사의 지도아래 8인 선진들이 합심하여 길룡리 앞 갯벌을 막아 논을 만드신 영산방언상의 현장입니다.

2. "원기3년(1918·戊午) 3월에, 대종사, 저축 조합의 저축금을 수합하신 후, 조합원들에게 말씀하시기를 '이제는 어떠한 사업이나 가히 경영할 만한 약간의 기본금을 얻었으니, 이것으로 사업에 착수하여야 할 것인바, 나의 심중에 일찍이 한 계획이 있으니, 그대들은 잘 생각해 보라.' 하시고, 길룡리 앞 바닷물 내왕하는 간석지를 가리키시며 '이것은 모든 사람의 버려둔 바라, 우리가 언堰을 막아 논을 만들면 몇 해 안에 완전한 논이 될뿐더러 적으나마 국가 사회의 생산에 한 도움도 될 것이다. 이러한 개척 사업부터 시작하여 처음부

터 공익의 길로 나아감이 어떠하냐.' 하시었다. 조합원들은 원래 신심이 독실한 중에 몇 번의 증험도 있었으므로, 대종사의 말씀에는 다른 사량 계교를 내지 아니하고 오직 절대 복종하였다. 이에, 일제히 명을 받들어 오직 순일한 마음으로 지사불변至死不變하겠다는 서약을 올리고, 다음날로 곧 방언 공사에 착수하였다."

『원불교교사』 '정관평 방언 공사' 중에서

3. "조합원들이 공사에 착수하니, 근방 사람들은 이 말을 듣고 모두 냉소하며, 혹은 장차 성공치 못할 것을 단언하여 장담하는 이도 있었다. 그러나 조합원들은 그 비평 조소에 조금도 끌리지 아니하고, 용기를 더욱 내며 뜻을 더욱 굳게 하여, 일심 합력으로 악전고투를 계속하였다. 삼복성염三伏盛炎에는 더위를 무릅쓰고, 삭풍 한설에는 추위를 헤치면서, 한 편은 인부들을 독촉하고 한 편은 직접 흙짐을 져서, 조금도 피곤한 기색을 보이지 아니하였다."

『원불교교사』 '정관평 방언 공사' 중에서

4. 일화, '방언 당시 인근 마을 사람들이 비평한 이야기'를 읽으십시오.

갑: "요사이 들으니 아무개 등이 길룡리 앞 해수지海水地에 언堰을 막는다지?"
을: "글쎄, 나도 일전日前에 측량한다고 다니는 것을 보았지."
갑: "허허 참, 세상에 별일도 많이 있어. 길룡리 갯바닥 해면이 한없는 세월을 지내왔으되 이전 어른들도 이것을 막지 못하였고, 이 부근에 유세한 부자가 많이 있으되 아무도 막을 생각을 내지 아니한 것을 저렇게 약하고 권리 없고 경험 없는 사람들이 어찌 다른 사람이 지금까지 하지 못한 일을 한단 말인가! 참 웃을 일이로다."
을: "그것은 단순히 그렇게만 생각할 것은 아닐세. 옛날 사람이 하지 못한 일을 요새 사람이 혹 할 수도 있고, 유세한 자가 하지 못한 일을 빈약한 사람이 단합하여 혹 할 수도 있는

것이 아닌가? 또 들으니 요즈음 그 사람들이 숯을 무역하여 많은 이익을 얻었다 하니 그 내면에 어떠한 준비가 되어 있는지를 우리가 어찌 다 알 것인가?"
갑: "(분연한 태도로) 자네 말도 혹 그럴 듯 하네 마는 그 사람들 정도를 한번 잘 생각해 보소. 백 가지 가운데 한 가지나 믿을 것이 무엇 있는가? 설령 숯을 무역하여 많은 이익을 얻었다 할지라도 그 돈이 얼마나 될 것인가? 얼마 지내지 아니하여 아까운 돈만 바다 속에 버리고 조합도 못 하고 싸움하고 남북으로 갈릴 것이네. 만일 그 사람들이 언堰을 완성하여 그 해면에 완전한 곡물이 서게 된다면 나는 손가락에 불을 써 가지고 하늘에 올라가지"
을: "자네 말은 너무나 극단적이네그려. 그러면 자네 말과 같이 된다면 그 사람들의 전도 前途는 어찌 될 것인가?" 하였다.

또 한 사람은 어느 종교에 출입하던바, 대종사를 특별히 방문하고 말하기를, "선생이 지금 어느 때인지 알지 못하고 한만開漫한 방언 공사防堰工事를 착수하였으니 참 애석한 일이로다. 좋은 시대가 곧 박두[가까이 닥침]하였으니, 지금이라도 그 방언防堰을 중지하고 방언할 비용금으로써 우리 교회에 제공하시면 머지않은 장래에 곧 말할 수 없는 영광을 볼 것인즉, 이때에 있어서 한번 각성할 필요가 있다고 생각합니다."
대종사 속으로 웃으시고 답하시기를, "선생이 진작 그러한 말을 하였던들 이 일을 처음부터 시작하지 안 하였을 것을, 이미 시작하고 보니 이제는 이러지도 저러지도 못할 일이로다."
그 사람 "취사양란取捨兩難 될 것 무엇 있겠습니까? 어려운 것을 놓고 쉬운 일을 취하며, 더딘 것을 놓고 속한 것을 취하는 것은 사리의 당연한 바이라, 다른 생각 하지 마시고 며칠 후에 내가 사람을 보낼 터이니 우선 천 원 하나만 납부함이 어떠합니까?" 하였다.
대종사께서 그럴듯한 태도를 보이셨더니, 그날에 과연 사람을 보낸 일까지 있었다.
세상사는 항상 번복[고치거나 바꿈]이 많고 사실과 허위는 반드시 끝이 다른지라, 그 뒤 10여 년을 지나고서는 그 조소하던 사람들은 모든 예언과 장담이 다 들어가고, 오직 생활 곤란만 극도에 달하여 어느 때는 영산 회실에 와서 언답防堰 소작小作을 청하였다 하며, 천 원

납부하라는 그 사람도 마침내 좋은 영광을 보지 못하고 또한 생활이 곤궁하여 언답 작인 作人을 지원한 일이 있었다.

『불법연구회창건사』중에서

5. 삶 중에서 비난이나 곡해를 받았던 경우를 떠올리십시오.

6. 『대종경』 서품 9장을 마음 챙기면서 읽으십시오.
"단원들이 방언 일을 진행할 때에 이웃 마을의 부호 한 사람이 이를 보고 곧 분쟁을 일으키어 자기도 간석지 개척원을 관청에 제출한 후 관계 당국에 자주 출입하여 장차 토지 소유권 문제에 걱정되는 바가 적지 아니한지라 단원들이 그를 깊이 미워하거늘, 대종사 말씀하시기를 '공사 중에 이러한 분쟁이 생긴 것은 하늘이 우리의 정성을 시험하심인 듯하니 그대들은 조금도 이에 끌리지 말고 또는 저 사람을 미워하고 원망하지도 말라. 사필귀정事必歸正이 이치의 당연함이거니와 혹 우리의 노력한 바가 저 사람의 소유로 된다고 할시라도 우리에 있어서는 양심에 부끄러운 바가 없으며, 또는 우리의 본의가 향상 공중을 위하여 활동하기로 한 바인데 비록 처음 계획과 같이 널리 사용되지는 못하나 그 사람도 또한 중인 가운데 한 사람은 되는 것이며, 이 빈궁한 해변 주민들에게 상당한 논이 생기게 되었으니 또한 대중에게 이익을 주는 일도 되지 않는가. 이때에 있어서 그대들은 자타의 관념을 초월하고 오직 공중을 위하는 본의로만 부지런히 힘쓴다면 일은 자연 바른 대로 해결되리라.'"

7. 살아가는 과정 중에서 업적이나 성과를 도용당한 경우나 재산 또는 자신의 소중한 소유를 빼앗기게 된 경우를 떠올리시고 그때의 취사를 돌이켜 보십시오.
가슴앓이를 많이 하셨습니까? 어떤 태도를 보였습니까? 억울하고 화가 나는 마음을 관찰하십시오.

8. 소태산 대종사와 8인 선진은 영산 앞의 간석지를 막으면서 비난과 곡해를 받으시고 소유권 분쟁의 어려움에 부닥치실 때 어떤 마음을 가지셨을까 하는 심정이 되어보십시오.

9. 비난과 곡해를 받을 경우와 소유권 분쟁이 생겼을 때 어떻게 대처를 해왔는지 서로 이야기[회화]를 나누십시오.

깨달음의 어드바이스 advice

소태산 대종사, 방언 공사의 목적을 분명하게 밝히셨습니다.

방언 공사의 본의는 공중公衆을 위하는 데 있습니다.

빈궁한 길룡리 지역사회에 논을 만들어 주민들에게 이익이 되도록 하는 것이었습니다. 자타를 초월하여 공중을 위하는 사업이었습니다.

소태산 대종사는 방언 공사 도중 발생한 비난과 곡해를 억지로 참고 화를 억누르지 않았습니다.

비난받고 곡해받아도 오염되지 않은 땅을 밟고 계셨던 것입니다. 미움도 원망이 원래 없는 올곧고 청정한 땅을 딛고 계셨습니다.

그러한 마음의 땅을 밟도록 8인 선진들에게 실지를 보여 주셨습니다.

그 마음의 땅에 머물러 보십시오. 그 땅은 바로 우리 각자의 정관평貞觀坪입니다.

정관평은 일과 경계 속에서 '원래 그름이 없는 올곧은 마음자리[貞]'를 직관[觀]하여 경계 속에서 원래마음을 단련하는 훈련장[坪]입니다. 세상의 비난이나 곡해에도 오염되지 않는 '원래 마음 땅'을 직관하여 마음의 자유를 얻자는 것입니다.

정관평을 거울삼아 마음을 비춰보아야 합니다. 비난에 물들지 않는 원래 마음으로 순례하면 됩니다.

지금 여기에서 오염되지 않는 원래 마음 땅을 밟아 보십시오.

2. '정관평 방언둑' 명상순례

> 정관평 제1방언 논둑길을 순례하십시오.

이 논둑길을 따라 『대종경』 서품 10장을 경전 산책하겠습니다. 방언의 의미가 자기 삶 속에서 체득되도록 명상합니다.

1. "수만 년 불고하던 간석지를 개척하여 논을 만들기로 하매 이웃 사람들의 조소를 받으며 겸하여 노동의 경험도 없는 사람들로서 충분히 믿기 어려운 이 일을 할 때 그것으로 참된 심신이 있고 없음을 알게 될 것이오."
나는 고난의 어려운 경계 속에서도 이 법에 믿음이 있는가?

2. "이 한 일의 시와 종을 볼 때 앞으로 모든 사업을 성취할 힘이 있고 없는 것을 알 수 있을 것이오."
나는 방언 공사의 시작과 끝처럼 내 앞에 닥쳐오는 과제 상황을 끝까지 성취할 수 있는가?

3. "소비 절약과 근로 작업으로 자작자급하는 방법을 보아서 복록이 어디에서 오는 근본을 알게 될 것이오."
나는 내 삶 속에서 복록이 어디서부터 오는 것이며 어떻게 하면 복록을 생산할 수 있는지 아는가?

4. "그 괴로운 일을 할 때 솔성 하는 법이 골라져서 스스로 괴로움을 이길 만한 힘을 얻을 수 있을 것이니…."

방언 공사의 인고처럼 내 삶 속에서 괴로움을 이길 수 있는 솔성 하는 법이 있는가?

5. 서로 느낀 바를 이야기[회화]를 나누십시오.

깨달음의 어드바이스 advice

소태산 대종사는 조합원인 8인 단원들과 함께 방언 공사를 시행하십니다. 이 방언 공사를 통해 각자의 현장과 경계에서 신심이 더욱 굳어지고, 사업성취의 역량이 증대되며, 복록의 소종래를 보아 복록을 장만하는 능력이 증대되며, 인고와 극기를 통해 솔성 하는 법이 골라지어 취사하는 실행력이 증대되도록 했습니다. 일 속에서 하는 공부를 체득토록 한 것입니다. 즉, 각자의 삶[坪]에서 공부와 사업 간에 올곧은 길[貞]에 들도록[觀] 심신작용의 방언공사를 잘 처리토록 하는 능력을 기르게 한 것입니다.

> 각자 묵상 심고를 올리신 뒤 '나의 영산방언상[정관평]?' '우리 단의 영산방언상[정관평]?'이란 의심 거리를 묵상[연마]하시거나 감각감상을 기재[메모]하시고 다음 순례지로 이동하십시오.

명상순례
혈인법인상

血印法認相
혈 인 법 인 상

1. '법인기도' 명상순례

▌ 원불교 최초의 교당인 구간도실의 터에 오신 것을 환영합니다.

구간도실 터는 소태산 대종사께서 9인 선진들과 함께 법계로부터 정신개벽의 사업을 인가받으신 혈인법인상의 현장입니다.
『원불교교사』 '9인 단원의 기도'를 봉독합니다.

1. "원기4년(1919·己未) 3월, 방언 공사를 마친 후, 대종사, 9인 단원에게 말씀하시기를 '지금 물질문명은 그 세력이 날로 융성하고, 물질을 사용하는 사람의 정신은 날로 쇠약하여, 개인·가정·사회·국가가 모두 안정을 얻지 못하고, 창생의 도탄이 장차 한이 없게 될지니, 세상을 구할 뜻을 가진 우리로서 어찌 이를 범연히 생각하고 있으리오. 옛 성현들도 창생을 위하여 지성으로 천지에 기도하여 천의天意를 감동시킨 일이 없지 않나니, 그대들도 이때를 당하여, 전일한 마음과 지극한 정성으로 모든 사람의 정신이 물질에 끌리지 아니하고 물질을 사용하는 사람이 되어 주기를 천지에 기도하여 천의에 감동이 있게 하여 볼지어다. 그대들의 마음은 곧 하늘의 마음이라, 마음이 한번 전일하여 조금도 사私가 없게 되면, 곧 천지로 더불어 그 덕을 합하여 모든 일이 다 그 마음을 따라 성공될 것이니, 그대들은 각자의 마음에 능히 천의를 감동시킬 요소가 있음을 알아야 할 것이며, 각자의 몸에 또한 창생을 제도할 책임이 있음을 항상 명심하라' 하시니, 9인은 황송하고 기쁜 마음으로 일제히 지도하심을 청하였다."

2. "이에, 3월 26일에 시작하여, 10일간 재계齋戒로써 매 삼륙일(每三六日: 6일·16일·26일)에 기도식을 거행하되, 치재致齋 방식은, 첫째 마음 정결을 위주하고, 계문戒文을 더욱 준수

하며, 육신도 자주 목욕재계하고, 기도 당일에는 오후 8시 안으로 일찍이 도실에 모여 대종사의 교시를 받은 후, 9시경에 기도 장소로 출발하게 하였다."

3. "기도는 10시부터 12시 정각까지 하며, 기도를 마친 후 또한 일제히 도실에 돌아오되, 단원들이 각각 시계를 가져, 기도의 시작과 그침에 서로 시각이 어긋나지 않게 하였다. 장소는 각각 단원의 방위를 따라 정하되, 중앙봉으로 비롯하여 8방의 봉우리[峰巒]를 지정하고, 단기[團旗]인 팔괘기[八卦旗]를 기도 장소 주위에 세우게 하며, 기도식을 시작할 때에는 먼저 향촉과 청수를 진설하고 헌배와 심고를 올리며, 축문을 낭독한 다음 지정한 주문을 독송케 하였다."

4. 마음의 향, 마음의 초, 마음의 청수를 진설하시고 헌배하십시오.

5. 법인기도를 어떻게 올렸는지, 또는 법인절 기도문에 관해 이야기[회화]를 나누십시오.

깨달음의 어드바이스 advice

다음의 기원문을 일독합니다.

소태산 대종사, 이곳 구간도실에서 말씀하십니다.
'그대들도 이때를 당하여 전일한 마음과 지극한 정성으로
모든 사람의 정신이 물질에 끌리지 아니하고 물질을 사용하는 사람이 되어 주기를
천지에 기도하여 천의에 감동이 있게 하여 볼지어다.'
이는 소태산 대종사께서 우리에게 주신 정신개벽의 서원입니다.

정신개벽은 물질문명의 미래시대를 살아갈 우리에게 주신 선물입니다.

이에 저희는 소태산 대종사의 말씀을 명심하겠습니다.
지금까지 개인의 안락과 복락을 구하거나 일신의 수행향상에만 매달렸던 일을 반성해 봅니다.
대종사께서 주신 정신개벽의 선물을 소명으로 알고
새 시대의 모든 사람이 물질문명에 끌리지 아니하고
물질문명을 잘 사용하는 사람이 되도록 인도하는데 정성을 다하겠습니다.

소태산 대종사는 또 이렇게 말씀하셨습니다.
'**그대들의 각기 마음에 천의를 감동시킬 요소가 있음을 알아야 할 것이며,**
각자의 몸에 또한 창생을 제도할 책임이 있음을 항상 명심하라.'
이 얼마나 가슴 벅찬 말씀입니까.
이 얼마나 가슴 깊이 새기고 또 새겨야 할 말씀입니까.

이제부터는 소태산 대종사의 벅찬 가르침을 내 몸 가득히 채우겠습니다.
저 자신을 모멸하고 자학하여 자멸한 생활을 참회합니다.
저 자신을 긍정하고 아끼고 자부하겠습니다.
마음에는 천의를 감동시킬 요소와 몸에는 창생을 제도할 책임이 있기 때문입니다.

9인 선진께서 생명을 공중사회에 던지신 이유를 이제 조금 알 것 같습니다.
이렇게 법열에 차고 보람된 일을 알게 되고 느끼게 되었는데 어찌 주저하셨겠습니까?
소태산 대종사와 9인 선진님, 감사합니다.
저희가 진정으로 할 일을 눈앞에서 보여 주셨기에 더욱 감사합니다.

법인절을 맞이할수록 저희들의 기도를 정신개벽의 기도가 되도록 바로 세우겠습니다.

갈수록 물질문명을 잘 선용하는 정신개벽의 서원자가 되도록 다짐합니다.

일심으로 비옵나이다.

2. '사무여한死無餘恨' 명상순례

> 단장이신 소태산 대종사께서 결사의 날, 음 7월 26일에 9인 단원들과 창생을 위해 죽어도 여한이 없다는 사무여한의 대화를 나누신 부분입니다.

1. "그대들이 비록 공사를 위한 정성이 지극하나 누구나 물론하고 육신 희생을 당할 때는 조금이라도 슬픈 마음이 있는 것이거늘, 이제 그대들의 기상을 살펴본즉 모두 희색이 만면하였으니, 이 희생에 대하여 이와 같은 즐거움까지 있는 것은 어떠한 이유인가?"

『불법연구회창건사』 '치재에 대한 영험' 중에서

2. "사람의 생사라 하는 것은 누구나 물론하고 조만간 다 있는 것이로되 시방세계를 위하여 죽는다는 것은 천만 사람 가운데 가장 있기 어려운 바이며, 또는 저희 등이 본래 대종사님을 만나지 못하였다면 평생에 궁촌 농민으로 그 사상이 항상 한 가정에 벗어나지 못하였을 것이거늘 이제 저희 등 마음 가운데에 시방세계를 한 집으로 보는 넓은 생각을 얻게 되었으니 그 사상 발전에 어찌 큰 영광이 아니며, 또는 저희 등의 희생한 공덕으로 만약 시방세계 중생이 영원한 행복을 받게 된다면 저희 등에 있어서는 얼마나 큰 사업이 되겠습니까. 저희 등이 비록 영혼 세계로 돌아간다고 할지라도 금세에서 하고 온 일을 기억한다면 항상 장쾌한 마음이 없지 않으리라고 추측됩니다. 그리하여, 이 일 저 일을 생각

하면 생각할수록 마음이 기쁘고 기운이 활발하여 자연 중 그 희색이 외면에 나타난 것 같습니다."
『불법연구회창건사』 '치재에 대한 영험' 중에서

3. 드디어 원기4년(1919·己未) 음 7월 26일, 생사를 초월한 9인 단원의 지극한 정성이 백지혈인白指血印의 법인성사法認聖事를 이룹니다.
『대종경』 서품 14장

4. 9인 선진九人先進은 세상을 위해 육신의 희생을 조금도 주저하지 않으시고 도리어 희색이 만연하고 즐거움까지 있었습니다. 죽어도 여한이 없는 공심公心을 나투셨습니다. 생사 해탈을 하셨습니다. 생사를 초월한 마음입니다. 사사로움이 녹아버린 마음입니다.

5. 생사 초월의 마음이 무엇일까요?

6. 서로 이야기[회화]를 나누십시오.

깨달음의 어드바이스 advice

생사 초월의 마음은 죽은 셈치고 죽었다 하고 죽을 각오로 죽기로써 하는 마음입니다.
생멸 없는 자리에 바탕해 죽은 셈 치고 공도에 헌신하는 것이 사무여한의 정신입니다.
소태산 대종사께서 법명을 주신 뜻은 각자의 주어진 처지에 따라 사사私邪를 놓고 공익에 도움이 되는 공도자가 되라는 것입니다.
사사私邪를 놓는 자리가 바로 생사 초월의 마음입니다.
9인 선진들이 인류의 행복을 위한 대도정법의 출현에 목숨을 던진 각오로 헌신했듯이, 우리도 서로 돕고 살면 서로 행복해지는 공도公道 사업에 일조一助하자는 것입니다.

나도 좋고 남도 좋은 자리이타自利利他의 공도公道에 함께하고 더 나아가 헌신하는 삶을 즐기십시오.

9인 선진들은 창생의 행복을 도모하는 대도정법大道正法의 출현을 위해 목숨을 던지었으되 이로 인한 여한餘恨이 없는 심정이었습니다. 공도에 헌신하는 마음에 사사로움이 떨어졌습니다. 그러기에 도리어 기쁨이 얼굴에 활짝 피어올랐습니다.

이렇듯 우리도 서로가 서로를 돕는 자리이타自利利他의 공도에 무아봉공無我奉公할 때 모두가 행복해지는 것입니다. 공도사업에 함께할 때 진정한 행복이 찾아오는 것입니다.

9인 선진처럼 자리이타의 공도에 헌신할 때 새로운 삶이 열리며 새 세상이 펼쳐집니다.

> 각자 묵상 심고를 올리신 뒤 '나의 혈인법인상[9인봉]?' '우리 단의 혈인법인상[9인봉]' 이란 의심 거리를 묵상[연마]하시거나 감각감상을 기재[메모]하시고 다음 순례지로 이동하십시오.

3. '법명의 길' 명상순례

> 구간도실 터에서 중앙봉에 오신 것을 환영합니다.
> 중앙봉은 법인기도 시 정산 종사의 기도터요,
> 법명을 받을 때 9인 선진이 합동으로 기도 올린 9인합동기도봉입니다.
> 구간도실에서 중앙봉을 내왕하는 길은 '법명의 길'입니다.

『원불교교사』 '백지혈인의 법인성사'를 봉독하시고 묵상하십시오.
법인성사의 과정과 법명을 받는 과정입니다.

1. "원기4년(1919·己未) 7월 16일에, 대종사, 단원들에게 말씀하시기를 '그대들이 지금까지 기도해 온 정성은 심히 장한 바 있으나, 나의 증험하는 바로는 아직도 천의天意를 움직이는 데는 그 거리가 먼 듯하니, 이는 그대들의 마음 가운데 아직도 어떠한 사념私念이 남아 있는 연고라, 그대들이 사실로 인류 세계를 위한다고 할진대, 그대들의 몸이 죽어 없어지더라도 우리의 정법이 세상에 드러나서 모든 창생이 도덕의 구원만 받는다면 조금도 여한 없이 그 일을 실행하겠는가?' 하시니, 단원들이 일제히 '그러하겠습니다.'고 대답하였다."

정법正法이 세상에 드러나서 창생이 도덕의 구원만 받는다면 그 일을 하다가 죽어도 여한餘恨이 없는지 돌이켜 보십시오.

2. "대종사, 더욱 엄숙하신 어조로 '옛말에 살신성인이란 말도 있고, 또는 그를 실행하여 이적을 나툰 사람도 있었으니, 그대들이 만일 남음 없는 마음으로 대중을 위한다면 천지신명이 어찌 그 정성에 감동치 아니하리오. 멀지 않은 장래에 대도 정법이 다시 세상에 출현되고 혼란한 인심이 점차 정돈되어 창생의 행복이 한없을지니, 그리된다면 그대들은 곧 세상의 구주요, 그 음덕은 만세를 통하여 멸하지 아니할 것이다. 그런즉 그대들은 각자의 실정으로 대답해 보라 하시니, 9인은 잠깐 비장한 태도를 보이다가 곧 일제히 희생하기로 고백하였다. 대종사, 크게 칭찬하시며, 이에 10일간 치재를 더하게 하시어, 다음 기도일[7월 26일]을 최후 희생일로 정하고, 그날 기도 장소에 가서 일제히 자결하기로 약속하였다.

남음 없는 마음으로 대중을 위하는 심법을 묵상하십시오.
남음 없는 마음은 사사로운 사념이 남아 있지 않는 마음입니다.

3. "7월 26일(음)에, 9인은 모두 만면滿面한 희색으로 시간 전에 일제히 도실에 모이는지라, 대종사, 찬탄함을 마지아니하시었다. 밤 8시가 되매, 대종사, 청수를 도실 중앙에 진설케 하시고, 각자 가지고 온 단도를 청수상 위에 나열케 하신 후, 일제히 '사무여한'이라는 최후 증서를 써서 각각 백지장白指章을 찍어 상床 위에 올리고, 결사決死의 뜻으로 엎드려 심고[伏地心告] 하게 하시었다. 대종사, 증서를 살펴보시니, 백지장들이 곧 혈인血印으로 변하였는지라, 이를 들어 단원들에게 보이시며 '이것은 그대들의 일심에서 나타난 증거라' 하시고, 곧 불살라 하늘에 고[燒火告天]하신 후 '바로 모든 행장을 차리어 기도 장소로 가라' 하시었다."

대도정법을 이 세상에 출현시켜 창생의 행복이 끝이 없게 하는 이 일을 위해, 죽어도 여한이 없는 사무여한死無餘恨의 정신이 사무쳐 백지혈인白指血印을 이룬 법인성사法認聖事의 감동을 오감五感으로 느껴보십시오.

4. "대종사, 한참 후에 돌연히 큰 소리로 '내가 한 말 더 부탁할 바가 있으니 속히 도실로 돌아오라' 하시고, 말씀하시기를 '그대들의 마음은 천지신명이 이미 감응하였고 음부공사가 이제 판결이 났으니, 우리의 성공은 이로부터 비롯하였다. 이제 그대들의 몸은 곧 시방세계에 바친 몸이니, 앞으로 모든 일을 진행할 때에 비록 천신만고와 함지사지를 당할지라도 오직 오늘의 이 마음을 변하지 말고, 또는 가정 애착과 오욕의 경계를 당할 때도 오직 오늘 일만 생각한다면 거기에 끌리지 아니할 것인즉, 그 끌림 없는 순일한 생각으로 공부와 사업에 오로지 힘쓰라' 하시었다. 9인은 대종사의 말씀을 듣고 여러 가지 이해는 얻었으나, 흥분된 정신이 쉽게 진정되지 아니하였다."

그 흥분된 마음을 공감해 보십시오.

5. "11시가 지난 뒤, 대종사, 다시 일제히 중앙봉에 올라가 기도를 마치고 오라 하신 후, 돌아 온 단원들에게 법명法名을 주시며 말씀하시기를 '그대들의 전날 이름은 곧 세속의 이름이요 개인의 사사 이름이었던 바, 그 이름을 가진 사람은 이미 죽었고, 이제 세계공명世界公名인 새 이름을 주어 다시 살리는 바이니, 삼가 받들어 가져서 많은 창생을 제도하라.' 하시니, 이것이 거룩한 백지혈인白指血印의 법인성사法認聖事였다.

단장 소태산 대종사는 건방단원 이재풍에게 재철載喆, 감방단원 이인명에게 순순旬旬, 간방단원 김성구에게 기천幾千, 진방단원 오재겸에게 창건昌建, 손방단원 박경문에게 세철世喆, 이방단원 박한석에게 동국東局, 곤방단원 유성국에게 유건劉巾, 태방단원 김성섭에게 광선光旋, 중앙단원 송도군에게 규奎라는 법명을 내려 주셨다."

자신의 법명을 새겨 보십시오.

6. "그 후로도 단원의 기도는 여전히 계속하여 모든 절차에 조금도 해이함이 없더니, 그 해 10월 6일, 대종사의 명에 의하여 드디어 해제解齋하였다. 이 9인 기도와 법인성사는 곧 무아봉공의 정신적 기초를 확립하고, 신성·단결·공심을 더욱 굳게 한 새 회상 건설의 일대 정신작업이었다."

7. 각자의 법명 뜻을 이야기[회화] 나누십시오.

깨달음의 어드바이스 advice

단장이신 소태산 대종사는 백지혈인을 나툰 9인 단원에게 법인기도의 중앙봉에 올라 합동기도를 올리게 한 후, 구간도실로 돌아온 9인 단원들에게 법명을 내리십니다.

그러므로 구간도실에서 중앙봉을 내왕하는 길은 '법명의 길'입니다.

9인합동기도봉인 중앙봉은 백지혈인의 법인성사 후 9인 단원이 함께 기도올린 9인합동 기도터로써, 9인 선진은 이 길을 오르시어 정성을 뭉치시었고, 이 길을 내려오시어 법명을 받았습니다.

우리는 이 '법명의 길'을 순례해야 합니다.
각자의 법명을 가슴에 담고 그 의미를 새기면서 중앙봉에 올라 법인기도를 올리고
다시 내려와 우리의 영원한 스승이신 소태산 대종사로부터 법명을 가슴으로 받아보는 법명 순례를 하자는 것입니다.

우리는 법명을 받을 때 이 법명의 길을 순례해야 할 것이며,
법명을 다시 되새기고 싶을 때도 이 법명의 길을 따라 법명을 명상하면서 순례합시다.

법명을 받음은 세계의 공명으로 살아나는 것입니다.
전날 개인의 사사 이름은 죽은 것입니다.
소태산 대종사의 법으로 다시 살아나는 것입니다.
이것이 진정한 사무여한입니다. 이제 법명은 공명公名입니다.
자기에게 주어진 상황과 처지에서 정신개벽을 펼치는 소명이요 자리이타의 무아봉공을 나투는 주역으로 거듭나는 것입니다.

> 각자 묵상 심고를 올리신 뒤 '나의 중앙봉?' '우리 단의 중앙봉?'이란 의심 거리를 묵상[연마]하시거나 감각감상을 기재[메모]하시고 다음 순례지로 이동하십시오.

Ⅱ

'Made in 영산'
법문순례

'Made in 영산靈山 법문'은
영산과 기연된 소태산 대종사의 법설입니다.

영산은 소태산의 설법터로,
소태산 대종사께서 우리 눈앞에서
직접 법문하시는 현장입니다.

법문 한 대목 한 대목을
이러한 기분으로 봉독하십시오.

소태산 대종사께서
설법하신 현장을 찾아,
그때 그 법문을 현장 속에서
느껴보시길 바랍니다.

영산성지 곳곳에 소태산 대종사의
법문이 깃들어 있습니다.
영촌 탄생가, 삼밭재 마당바위,
귀영바위 집터와 굴, 구호동 집터,
선진포 입정터, 노루목 대각터,
돛드레미 이씨제각터, 정관평,

구간도실 터, 구수산 9인봉,
돛드레미 영산원으로 드나드는 길,
돛드레미에서 선진포로 오가는 길,
돛드레미 영산원에서 귀영바위 용암마을을
지나 백두개재를 넘나드는 길.
영산 곳곳에서 소태산 대종사의
법문을 만나보십시오.

환희용약歡喜踊躍하실 것입니다.

법문이 바로 소태산 대종사이십니다.
영산성지와 기연된 법문,
'Made in 영산'의 법문을 따라
순례하는 걸음걸음이
축복의 발걸음이 되실 것입니다.

소태산 대종사의 영산기연 법문 따라
순례하십시오.

영산靈山 출처 법문

1. 계문의 공덕과 그 실행되는 법
2. 고양이의 자녀교양법
3. 후애선교後愛先敎(訓子)
4. 오내진의 서험誓驗
5. 방언지난防堰之難과 성도지이成道之易
6. 현대 문명의 병맥 타진打診
7. 거미만 못한 사람
8. 동정動靜 간 안심安心하는 방법
9. 나의 어려운 고행을 본받지 말라
10. 자작자수自作自受
11. 분서치사糞鼠致死
12. 원하고 구하는 것의 호好와 부否
13. 자녀교육에 대하여
14. 명예욕으로써 명예를 타락케 하는 실증
15. 위位를 얻고 못 얻기는 사업에 있다
16. 영산靈山지부에서
17. 방언공사의 착수

1. 계문의 공덕과 그 실행되는 법

> 원기13년(1928)도 사업보고서에 등재된 법문이다. 수도와 생활이 둘이 아닌 차원에서 계문과 사회법이 상통되도록 하는 소태산 대종사의 계문관을 확인할 수 있는 법문이다. 법문장소인 영산교실은 영산원 또는 학원실로 여겨진다.

어느 날 종사주[소태산 대종사] 영산교실에 계실 때의 일이다.

그 근처 회원 남녀 합 40여 인人이 되고 그중에는 동관同舘 임원 제씨도 다 열석列席되었었다. 그 모인 40여 회원이 한편으로는 우리의 진실한 회원들인 동시에, 한편으로는 우리의 진실한 소작인小作人[땅을 빌려 농사를 짓고 그 대가로 사용료를 내는 사람. 임차인]들이다. 교실 전면에 있는 대소 언답[큰 언답: 180-1. 작은 언답: 2-5, 16-1]은 다 회원인 소작인들 손으로 갈며 심으며 거두게 되는 것이다.

그때에 종사주[소태산]께옵서도 '보통부[보통급] 십계'를 들으사[제시] 말씀하여 가라사대,

"제군[여러분]이여, 제군이 만일 진실한 회원이 되어 대사업을 성취코자 하며, 진실한 소작인이 되어 논과 밭을 많이 얻어 벌고자 하며, 진실한 사람이 되어 자기가 자기를 위하고자 할진댄, 반드시 이 10계문의 뜻을 알아 실행하여 보라.

이 10계문 내에는 인생의 화禍와 복福을 자유 할 만한 권능이 있나니, 즉 그대들이 진실한 회원과 진실한 소작인이 되고 안 되는 것이 널리 30계를 다 말하지 않고도 이 10계에서 넉넉히 볼 수 있다.

쉽게 말하면, 그대들이 금년에는 소작료[3분작]를 잘 갖다 바쳤지마는 명년明年[내년]쯤 되어서 만일 소작료를 내지 않고 무신용한 사람이 되어 보통부 제10조[신용 없지 말며→특신급 7조]에 범하여 보라. 그러면 반드시 논은 떨어질 것이며, 논이 떨어지는 날은 진실한 소작인이 되기는 벌써 틀리지 아니하였는가.

또는 주사酒肆[술집]나 청루靑樓[기생집]에 방탕하여 제군의 가정을 불고하며 제군의 자신을 위하지 않는 지경에 이르러 보통계문 제4조(불과음주不過飮酒: 연고 없이 술을 마시지 말며)와 제7조[불종유비례가무석不從遊非禮歌舞席: 예 아닌 노래 부르고 춤추는 자리에 쫓아 놀지 말라→특신급 10조]에 범하여 보라.

그리되면 우리 회에서도 제군을 순실한 사람으로 인증하지 않을 것이요, 순실한 사람으로 인증하지 않는 동시에 논도 주지 않을 것이며, 주었던 논도 환수할 생각이 날 것은 정한 이치일 것이다. 그러면 또 순실한 소작인이 못 되는 것이 아닌가.

또는 그뿐이랴. 제군이 만일 각자의 계문을 존중히 알지 아니하며 실행치 않는 동시는 결국 출회黜會[내칠·내쫓을 출] 처분을 당할 수도 있나니, 그리되면 순실한 회원까지도 못 될 것이 아닌가.

그러나 그 원인을 생각하면, 계문이 제군을 강압적으로 범하게 하여서 그리된 것은 아니라, 제군들이 그 계문을 행하고 안 행하는 데서 유래됨이니, 알고 보면 제군이 제군을 순실한 회원도 만들고 순실한 소작인도 만들었나니라.

만일 제군이 혹 순실한 회원과 소작인이 못 되는 날이 있거든 그 어느 조용한 곳을 찾아서 제군의 뺨을 제군이 치며 '무식한 나여! 우치한 나여! 나를 어찌 순실치 못하게 만들었는가?' 하고 부르짖어라.

제군이여, 공부[수행]를 하려니까 특별히 계문을 지킨다 생각지 말라. 공부는 안 하여도 사람이니까 반드시 지켜야 할 것으로 생각하라.

또는 사람으로서 재화災禍 없이 행복스럽게 살려니까 불가불[不可不: 가히 하지 않을 수 없으므로, 마땅히] 계문은 지켜야 될 것으로 생각하라.

만일 제군이 우리 공부를 않는다 하고 일시적 계문을 범하여 보라. 제군의 신상에 얼마만한 해독이 올 것인가.

그러므로 우리 계문은 사람치고서 안 지켜서는 인류 사회에 출두出頭치 못할 것이다. 또는 우리의 계문만으로 볼 것이 아니라, 널리 인류 사회의 계문으로 보아도 오견誤見은 아닐 것이다."

따라서 종사주의 말씀은 빈부 계급의 계문 실행 상황으로 옮기게 되셨다.
그러나 제군은 지금 빈한한 사람이다. 빈한하니까 물질의 자유가 없고, 물질의 자유가 없으니까 물질을 구하고자 하는 그 마음에 구애되어 유산有産계급과 같은 그 각종 각색의 계문에는 범하지 못한다.
예를 들면 제군이 현시現時[지금 이때] 우리의 논을 짓지 않는가. 그 논을 장구히[오랫동안] 짓고자 하면 제군이 논에 대하여 신용 없는 짓을 못할 것이다. 또 소작인이 된 이상 순실한 소작인이란 평판을 얻어 논이라도 더 얻어 벌기 위하여 자연 주사, 청루에도 가지 못할 것이다. 무산자 중에도 인도人道를 벗어나 아주 인人[사람]이 아닌 자에게는 말할 것도 없거니와, 그래도 인도를 존중히 생각하고 그 인도 내에서 살길을 찾으며 후사를 바라는 자에게 한하여는 그리 과히 큰 계문을 범하지 못한다.
그러나 유산자有産者는 물질의 자유가 있다. 물질의 자유가 있으므로 빈한자貧寒者를 대할 때 자만이 나고, 천한 자를 대할 때 자존自尊이 일기 쉽다.
그는[유산자] 빈한한 사람보다 마음이 훨씬 넓어지기 쉽다. 이 세상에 못 할 일이 없을 것으로 생각될 것이다.
돈만 있으면 이것도 하고 저것도 하고, 마음대로 가고 마음대로 오고, 명예도 사고, 약간의 불량 행위가 있더라도 돈만 있으면 그만 씻어 버린다[처벌을 면한다]. 또는 내 밥과 내 옷과 내 돈이 내 집에 많이 있으니 누구를 무서워할 것도 없으며, 조금 내가 잘못한다고 어느 누구에게 생활의 공포감도 가질 것이 없다. 혹 어떤 자는 오직 '나는 자유다, 자재다, 황금이면 만능이다.'라고 생각하는 자도 있을 것이다.

또는 직접으로 이러한 생각과 행동은 가지지 않는다고 하여도 무산자보다는 그 마음의 범위가 훨씬 넓고 매사에 실행의 능력이 있으므로 계문에 범하기가 훨씬 용이하다. 살생·간음·음주 등 일일이 들 것도 없이 범하기가 쉽다.

그러므로 이 세상에서 악惡도 제일 큰 악惡과 죄도 제일 큰 죄를 짓는 자는 모두 이 유산계급과 권문세가에 있다.

그러므로 그대들[무산자]은 비관하지 말라. 이 세상을 물질로만 본다면 물질이 없는 제군으로서는 슬퍼도 하고 낙심도 하려니와, 인도人道와 비非 인도가 있는 그사이에 선과 악의 길을 찾아 선한 인도로 나아가는 것을 주체 삼아 본다면 물질 없는 것이 도리어 선한 곳에 나아가는 사람에게 일종의 자산이 될 것이다.

그러므로 제군은[무산자] 즐거워하라. 즐거워하는 동시에 계문의 공덕을 알며, 공덕을 아는 동시에 계문을 실행하여 내가 나를 위하는 사람은 될지언정 내가 나를 해하는 사람으로는 만들지 말라 하시니,

참석한 회원들은 그 말씀을 듣고 비로소 화복禍福의 근원을 안 것 같이 즐거워하더라.

『교고총간』제5권, 원기13년도 사업보고서

2. 고양이의 자녀교양법

> 이공주 수필의 '대종사 법설'에 등재된 법문으로, 법문 시기는 원기27년(1942) 1월로 기록되어 있다. 원기27년 1월이면 신사辛巳 동선 중이다. 여기서 '선방'은 익산 총부 공회당일 것이다. 영산에서 감각 감상된 건을 법문 예화로 사용하신 것이다.

시창27년 1월 어느 날, 종사주 선방에 출석하시사 일반 선도에게 말씀하여 가라사대, "내가 연전年前 영광 있을 때에 고양이가 새끼 세 마리를 낳아서 기르는 것을 본 일이

있었다. 날마다 유심히 본즉 그 새끼 교양법이 심히 슬기로워서 우리 사람도 미치지 못할 점이 많이 있었나니, 처음 새끼를 낳아서는 전부 어미가 품 안에 품고 앉아서 젖도 자주 빨리고 오줌똥도 싸면 곧 깨끗이 핥아먹고 시시時時로 온몸도 핥고 쓰다듬어 극진한 애호를 할 뿐만 아니라, 혹 누가 들여다보면 제 새끼에게 어떠한 피해가 있을까 두려워서 두 눈에 독기를 올리고 움츠렸다. 그러더니, 점차 크니까 어미가 밖으로 나가서 쥐를 잡아다가 찢어서 나눠 먹이기도 하고 혹은 산 채 잡아다가 그 새끼들 앞에서 잡는 법[놀리는 법]을 가르치는데, 쥐가 달아나려고 뽁뽁 긴 즉 어미가 일어나 앞발로 눌러 꼼짝을 못하게 하고 또 겁이 나서 엎드려 있으면 눌렀던 발을 떼고 자유를 주어보는 등 가지가지로 놀리어 쥐의 얼[정신]을 빼서 아주 죽게 되면 찢어서 어미와 새끼가 나눠 먹기를 일과를 삼아서 이른바 먹고사는 직업을 가르친다.

그와 같이 대강 가르친 후로는 젖도 아니 주고, 쥐도 저만 나가서 잡아먹고 온다. 그리고 만일 새끼가 젖을 먹으려 들든지 어미의 의뢰를 요청하는 듯싶으면 그만 인정사정없이 냉대하여 새끼들은 부득이 타력 생활을 하지 못하게 만드는 것이었다. 과연 우치한 사람보다 낫다고 아니 하겠는가?"

이공주 수필, 대종사 법설1, 『원각성존 소태산 대종사 수필법문』, 300쪽

3. 후애선교後愛先敎(訓子)

송도성 수필 법문으로 법문 시기를 알 수 없는 자녀교육에 대한 사제 간의 문답이다.

선생이 영산 계실 때에 제자 한 사람이 자기의 어린 아들을 너무 과히 사랑하는 것을 보시고, 그 사람에게 물으시되,

선생: "참 극히 사랑스럽느냐?" 하시니,

그 사람: "눈앞에 보이는 고로 자연 그러하옵나이다."

선생: "그것은 인지상정人之常情이요, 심지어 금수라도 일반으로 가진 심리거늘 어찌 애자지정愛子之情[자식을 사랑하는 정]이 없을 리가 있으랴마는, 그러나 너무 정신을 폭주하여 사랑에 기울어지지는 아니할 것이니라. 저러한 어린아이라 하는 것은 내두來頭[앞날]의 일이 어찌 될지 모르거늘 만약 정신을 폭주하여 사랑에 기울였다가 불행히 후일의 좋지 못한 경우가 있고 보면 그때에는 반드시 마음을 상하고 정신을 잃을 터이니, 그러한 일을 미리 예산하여 당초에 정신을 아끼지 아니함만 같지 못 하나니라.

그런고로 군자는 자식을 기르되, 그 상당한 아비 된 직책을 지키어 갈 따름이요, 표면으로 사랑하는 뜻을 나타내어 가르침을 뒤 지우고 사랑을 앞세우지[後敎先愛] 아니하며, 범상한 사람은 자식을 기르되 아비의 직책이 무엇인지, 교육이 무엇인지 도무지 알지 못하며, 사랑할 때에는 그 사랑함으로써 정신을 덮어서 비록 잘못함이 있으되 알지 못하고, 미워할 때에는 그 미워함으로써 정신을 덮어서 비록 잘하는 일이 있으되 보지 못하여 그와 같이 편벽에 떨어지나니, 너는 마땅히 삼가하여 이 두 끝에 떨어지지 말지어다." 하시니,

그 사람이 대왈對日 "저도 그런 뜻을 아옵나이다."

선생: "그러면 이후에 그 아이가 혹 불행한 경우가 있어도 네가 과히 상심하지 않겠느냐?"

그 사람이 대왈: "사람의 생사는 자연의 운명이거늘 무엇을 그리 상심하겠습니까."

선생: "참으로 그러하겠느냐?"고 수삼차를 거듭 다짐받으시다.

그런지 수 월을 지내매 그 아이가 우연히 병을 얻어 사망하니, 그 사람이 그때를 당하여 외면으로는 안연晏然[마음이 편안하고 침착한 모양]한 듯하였으나 내심의 고통이 얼마나 되었던지 두 눈이 실명할 뻔 하였나니라.

송도성 수필, 『원각성존 소태산 대종사 수필법문』, 241쪽

4. 오내진의 서험誓驗

주산 송도성 수필집에 기록된 내용이다. 《회보》의 「불법연구회창건사」 일화 중 '오내진의 이야기'와 직결된 내용이다.

이 법문은 삼산 김기천이 한때 소태산 대종사를 피해 백양사로 잠시 피신 갔던 일화와 관련된 법문이다. 이 법문에 따르면 김기천의 백양사 피신은 저축조합이 시행된 원기2년(1917년) 음력 8월부터 방언공사가 시작된 1918년(원기3년) 음력 4월 사이 어느 때까지로 보인다. 또한 8인 단원 중 한 사람이었던 오내진이 방언공사 시작할 때까지 내왕했다는 기록이 등장한다. 그렇다면 오내진은 방언공사 시작이후에 박세철로 단원 교체된 듯하다.

영광사람 오내진이 선생을 뵈옵고 제자 되기를 원하여 길룡리 방언 작답作畓하는 데에도 힘을 같이 하고 영원한 세상에 선생님과 대중으로 더불어 고락을 한 가지 하기로 고백하거늘, 선생이 가라사대,

"사람마다 무슨 일을 시작하기는 쉬우나 종終을 짓기가 어려우니, 오늘에 그대가 이와 같이 좋은 마음을 발하여 단정코 하기로 서약하고 만약 이후에 서약과 같이하지 못하면 어찌할꼬."

내진: "목숨으로써 바치겠습니다."

선생: "목숨으로 바치다니?"

내진: "만약 제가 이 사업에 등한하여 중도이폐中途而廢[중간에 그만둠]를 하든지 선생님을 배반하든지 하면 죽여주어도 여한이 없겠습니다." 하고 인하여 그 사유로 서약 고백서를 써 올리고 드디어 제자가 되다.

그런 후 7, 8삭朔[7, 8달]을 지내매, 내진이 무슨 병에 걸리어 신음하거늘 선생이 김기천, 이순순 등을 명하여 가서 위문하고 돌아왔더니, 내진이 병이 나은 뒤에 다른 사람에게 말

하되, "선생과 제자 사이는 정분情分으로써 두호하고 의리로써 생각하여 주는 것이거늘, 제자가 병들어 그와 같이 고통을 당하되 선생이 몸소 한번 오셔서 보시는 일도 없고, 다만 사람을 시켜 형식으로 위문하시니 무슨 정의情誼로 선생이다, 제자다 하리요." 하고 인하여 원망하는 뜻을 가지고 날마다 주색에 방탕하여 매일 장취長醉하고 주사酒肆[술집]에 앉아서 선생님과 동문 학도의 험담으로써 세월을 보내되 선생은 그런 줄을 알지 못하셨더라.

하루는 김기천이 고왈, "오내진이 전일에 선생님을 뵈올 때에 만약 서약과 같이하지 못하면 목숨으로써 바치겠다는 중한 맹서盟誓가 있지 아니하셨습니까?"

선생: "있었나니라."

기천: "그러면 그 서약을 저버리고 저와 같이 하니, 그 일이 어찌 되겠습니까?"

선생: "내진이가 참 오래 오지 아니하니, 무슨 까닭이 있어서 그러하느냐?"

기천: "내진이는 날마다 주색에 방탕하여 주사酒肆에 앉으면 우리의 험담으로써 일삼는답니다. 그 사람이 무엇 하러 오겠습니까?"

선생: "그러하냐." 하시고 인因하여 위연喟然히[한숨을 쉬며] 탄식하여 가라사대, "활을 쏘고 화살은 가히 다시 주우려니와 사람의 말이 입 밖에 나면 공연히 사라지질 아니하는 것이며, 또는 시가 주사酒肆에서 취중醉中 광언狂言으로 하는 말이야 혹 대중할 수 없다 할지나 참으로 존엄한 법석에서 온전한 마음으로 참 성리性理를 나타내어 언지필지言之筆之하여 맹서한 말이야 어찌 한마디인들 허실虛失[헛되이 없어짐]이 있으랴. 그러나 내가 지금 그대를 대하여 그런 일이 허실이 된다 할 수도 없고, 되지 아니한다 할 수도 없으니, 그대가 지내보면 곧 알리라." 하시더라.

기천이 예사例事의 말씀으로 듣고 돌아온 후 1개월도 채 되지 못하여서 내진이 졸연 사망하니, 기천 등 몇 사람은 그 서험誓驗을 보고 심신心神이 더욱 송구悚懼[두려워]하여 공부하는데 새 정신이 일어났으며 일층 힘을 얻었다 하더라.

송도성 수필, 『원각성존 소태산 대종사 수필법문』, 233쪽

5. 방언지난防堰之難과 성도지이成道之易

『대종경』 서품 11장에 정선되어 있다.

기미년己未年 봄이다. 영광 길룡리 방언防堰하는 역사가 거의 준공됨에 방언조합원 제인諸人[모든 사람]이 서로 더불어 말하되, "처음에 이 언堰막기를 기공起工[공사 시작]할 때에는 마음이 태산을 앞에 놓은 것 같아서 성공할 기한이 없는 듯하더니, 우리 몇 사람이 일심동력一心同力으로[한마음으로 힘을 모아] 분투노력[있는 힘을 다해 노력함]한 결과에 오늘날 이러한 성적成蹟[업적을 이룸]이 드러났도다. 지금 생각에는 방언의 역사役事는 오히려 쉬운 듯하나 참으로 성도成道[도 이루기]하기는 얼마나 어려울꼬. 만약 성도하기가 방언하기만 같아도 염려할 바 없다." 하거늘,

선생이 들으시고 그 사람들에게 물으시되, "아까에 너희들이 무슨 말을 하였느냐?"

제인諸人 그 말씀으로써 고하니, 선생이 가라사대,

"너희가 지금은 성도成道하는 법을 알지 못하는 고로 그러한 말을 하나, 참으로 그 방법을 알고 보면 성도成道하기는 코 한번 풀기보다도 더 쉬운 일이니라. 다시 말하면 코라도 풀기로손 하면 손을 대어서 푸는 것인 고로 일이 생기는 바요, 성도하는 법은 전에 있던 일이라도 무장 일을 없애 가는 것이니, 저 언 막기와 같이 어려울진대 뉘가 능히 성도하기를 뜻하겠느냐. 너희가 이 뜻이 미상未詳[확실치 않음]하거든 들어 두었다가 참 진리를 깨친 후에 다시 생각하여 보라." 하시더라.

제인諸人 그 말씀을 듣고 심히 의심하였더니, 그 후 3, 4년을 지냄에 김기천 등 몇 사람은 그 뜻을 알고 선생님에게 이제는 그 말씀의 진실한 뜻을 알았다고 고하더라.

송도성 수필, 법설수필집 2, 『원각성존 소태산 대종사 수필법문』, 11쪽

6. 현대 문명의 병맥 타진打診

> 송도성 수필에 의해 원기22년(1937) 7월호인 《회보》 제36호에 실린 법문으로, 『정전』 '병든 사회와 그 치료법'의 부연법문이다. 『대종경』 교의품 34장과 35장에 약술되어 있다.

한때에 종사주宗師主 영산정사에 계시사 남녀 대중을 모으시고 '현대 문명의 병맥 타진'이라는 문제로써 장시간 설법하옵시니, 가라사대,

"현대는 실로 전고前古[지난 옛날]에 없던 문명한 시대다. 극도로 예민해진 인지人智의 발달과 무량 무수한 기계의 산출이 일가월증日加月增[날로 늘고 달로 불어감]하여 날마다 우리로 하여금 그 새로운 것을 보게 하고, 그 새로운 것을 듣게 하고, 그 새로운 것을 가지게 하니, 모든 그것을 보고 듣고 가질 때에 우리의 눈과 마음이 어찌 황홀치 아니하며 의식주로부터 만반萬般의 생활에 이르기까지 그 편리함이 과연 어떠하랴.

그러나 우리는 한갓 그 외관적 찬란하고 편리한 물질문명에 도취만 할 것이 아니라, 마땅히 냉정한 머리로써 그에 따르는 결함과 장래에 미치는 영향이 어떠한 것을 한번 잘 생각해 볼 필요가 있나니, 그런다면 현대는 외형적으로 문명이 극도로 발전된 반면에 그 내부적으로는 크나큰 병맥이 잠재하여 겉으로 그 문명의 도수度數가 한층 더 증진될수록 안으로 그 병맥의 근원이 더욱더 깊어져서 이것을 이대로 방임하다가는 장차 어떠한 구하지 못할 중태 위경에 빠질는지 모를지라, 이에 세도世道에 관심을 가지고 뜻 있게 지내는 인사人士로 하여금 심우원려深憂遠慮[근심 걱정이 깊어짐]를 금치 못하게 하는 바이다.

옛적에 부처님께서는 말씀하시되 '나는 양의良醫다. 세상 사람의 마음병을 고쳐주는 양의다.'라고 부처님께서는 그리하셨지마는 부처님과 같은 지혜와 능력이 없는 나로서야 어찌 감히 양의로서 자처하랴? 다만 세상을 근심하고 인류의 전도[앞길]를 걱정하는 성의만은 스스로 생각할지라도 누구에게 못지않으므로 그에 대하여 다소간 관찰한 바도 있고 평

소에 생각하던 바도 또한 없지 않으므로, 오늘 이 자리에서 제군으로 더불어 현대 문명의 병맥 각종을 진찰 비판하여서 그것이 '참! 병인가? 병이 아닌가?'를 제군에게 알리는 동시에 만약 병일 것 같으면 조금도 지체 말고 하루속히 퇴치 근절하기를 바라는 바이다.

그러면 병이란 무엇인고? 아래와 같이 그 종류를 들어보자.

一. **돈의 병이다.** 현세의 사람은 남녀노소를 물론 하고 모두가 돈에 대하여는 정신을 잃어버리고 머리를 숙이게 되었다. 인생의 온갖 향락과 욕망을 달성하려 함에는 무엇보다 돈이 필요하다는 것을 알게 된 모든 사람은 의리보다도, 염치보다도 오직 '돈'이 중하게 되었다. 이리 가도 돈! 저리 가도 돈! 가는 곳마다 돈 노래요! 두 사람만 모여도 돈! 세 사람만 모여도 돈! 모이는 곳마다 돈 공사다.

그로 인하여 부자의 윤기가 쇠해지고, 형제의 우애가 성글어지며, 부부의 사랑이 식어지고, 붕우朋友[벗]의 우정이 끊어지는 그러한 등의 실례는 가히 그 수를 헤일 수 없을 만큼 많은 현상이 아닌가. 모처 어떤 부호의 아들은 허랑방탕하여 남에게 많은 빚을 지고 모든 채권자로부터 그 반상의 독촉을 받을 때에 그는 병석에 누워있는 저의 부친을 가리키며 "아버지가 별세하면 곧 갚겠노라." 하였다 하니, 이 얼마나 무도덕한 말이며, 비인정한 태도이냐. 그뿐만 아니라, 세상에는 사랑하는 아내를 생명보험에 넣고 그 보험금을 탐하여 아내의 생명을 빼앗은 악독한 남편이 있고, 귀여운 자녀를 무서운 화류항에 팔아 자기의 생계를 도와가는 무자비한 부모가 있게 됨을 우리는 종종 신문지를 통하여 보게 되고 듣게 되는 현상이다. 과연 그 얼마나 비참한 사실이며, 통탄할 노릇이냐.

이게 모두 돈으로 인연해서 생기는 일로써 현 사회를 요란케 하는 큰 난리며 세상을 좀먹게 하는 대병大病이니, 이웃 사람의 아들이 그러하고 내 아들이 그렇지 않음에 안심치 말고, 이웃의 가정이 그러하고 내 가정이 그렇지 않음에 만족치 말라. 일반적 풍조가 그렇게 변하고 전체적 대세가 그렇게 몰리는 때에는 아무리 얌전하던 내 아들이기로 어찌 그렇지 않을 것을 가히 보증하며, 아무리 평화하던 내 가정이기로 또한 그렇지 않을 것을 뉘 능히 장담하랴.

그런고로 그것을 내 앞에 당하지 않은 남의 일이라 하여 심상히 간과할 것이 아니라, 마땅히 특별한 대책을 강구하여 몰려오는 그 세력을 막아야 할 것이며, 그러기로 함에는 무엇보다 도학道學을 장려하여 만사에 안분하는 도를 가르쳐서 돈이 아니라도 능히 살고 돈이 적어도 능히 편안하는 방법을 발견하여야 할지니, 돈이 적으면 적은 그대로 돈이 없으면 없는 그대로 지어至於[~에 이른다] 걸식 고행을 할지라도 그 마음이 항상 화평하고 그 기상이 언제든지 늠름하여 모든 고난을 능히 극복하고 자기의 앞길을 자기 스스로 개척해 갈 만한 자주력自主力 정신을 세워야 할 것이다.

이렇게 말하면 그것을 이해하지 못하는 혹자는 말하리라. "사람이 색신을 받은 이상에 어찌 물질에 끌리지 아니 할 수가 있으며, 걸식 고행에 안심이 될 이치가 있느냐"고. 그러나 그것은 참으로 물외物外의 풍미에 놀고 있는 달인達人의 심경을 엿보지 못한 범부의 추측이니, 이것은 억담抑談[억누르는 말] 같아도 억담이 아니며, 어려운 일 같아도 어려운 일이 아니어서 현세의 병맥을 치료하는 선약仙藥이 될 것이며, 인류의 심리적 대란을 평정시키는 진정제가 될 것이다.

一. **원망의 병이다.** 현세의 사람들은 남녀노소를 물론 하고 대개는 원망의 병에 걸렸다. 자녀는 그 부모를 부모는 그 자녀를, 남편은 그 아내를 아내는 그 남편을, 형은 그 아우를 아우는 그 형을, 이 사람은 저 사람을 저 사람은 이 사람을 서로서로 원망하여 원망이 극하면 싸움이 되고 싸움이 극하면 살상하는 데까지 이르게 되어 온 세상이 큰 난리를 이루었다.

그런데 그 난리의 원인을 생각해 본다면, 모두가 남의 은혜 입은 것은 모르고 다만 나의 은혜 입힌 것만을 생각하며, 남에게 갚을 의무가 있는 것은 모르고 다만 내가 받을 권리 있는 것만을 주장하여 서로서로 저편의 미점美點[장점]은 보지 못하고 항상 그 단처短處

[단점]만 발견하게 되는 그릇된 관념에서 비롯하나니, 이 난리를 평정하기로 함에는 또한 무엇보다 우리 인생의 요도 사은四恩의 대의大義를 밝혀서 사람 사람으로 하여금 천지·부모·동포·법률로부터 자기가 입은바 은혜의 지중함을 알도록 하여 실지로 그에 대한 감사의 관념을 일으키는 동시에 저절로 보은의 행동이 나도록 인도할 것이니, 이야말로 그 병에 대한 최상의 양제良劑[좋은 약제]일 것이다.

一. **의뢰의 병이다.** 현세의 사람들은 남녀노소를 물론 하고 대개는 의뢰의 병에 걸린 자가 많다. 그것은 인생의 본능이라고도 할 만큼 자기의 힘으로써도 능히 할 만한 일을 가지고도 반드시 다른 외물外物에게 그 구조救助[구제하고 도와줌]를 구하는 것이 상례이다.

이 병통은 수백 년 문약文弱[글에만 열중하여 정신적으로나 신체적으로 나약한 상태]의 폐弊[옳지 못한 경향이나 해로운 현상]를 이어, 우리 조선 사람에게 현저우심顯著尤甚[현저하게 더욱더]한 사실로써, 부유한 부형父兄을 둔 그 자제들의 무위낭유無爲浪遊[하는 일 없이 빈둥빈둥 놂]로 호의호식好衣好食을 일삼는 것은 고사故事 막론하고, 위로 쳐다보고 아래로 내려다보아서 자기의 친척 붕우 중에라도 혹 그럴듯하게 사는 사람이 있은 즉 기어이 거기에 의세倚勢하고 덕을 보려 드는 것이 일종의 악습으로 되어 있다. 그리하여 1인이 작지作之하면 10인이 식지食之하는 현상이니, 그 어찌 인류 사회의 건전한 발달을 방해하는 좀, 즉 고질이 아니리오.

이 고질을 치료하기로 함에는 또한 무엇보다 사람 사람으로 하여금 천하 만리萬理가 모두 나에게 있고 세상만사萬事가 오직 나의 짓는 대로 되어지는 실리實理를 가르쳐서, 내가 차라리 남을 도와줄지언정 결단코 남의 부당한 의뢰를 입어 살지는 않겠다는 꿋꿋한 정신으로써 분투 노력케 할 것이니, 이것이야말로 그 병에 대한 제일의 양방이 될 것이다.

一. **배울 줄 모르는 병이다.** 사람의 인격을 10분으로 논한다면 그 9분이라는 것은 반드시 배움으로 이루어지는 것이 사실이며, 그 배움을 구하기로 함에는 마치 저 벌[蜂]이 꿀을 모으는 것과 같이 어느 방면 어느 계급을 물론하고 나에게 필요한 지식만 있다면 반드시 몸을 굽혀서 그 배울 것을 배워다가 써 내 것을 삼아야 할 것이다. 벌이 비록 일종의 미물 곤충에 지나지 못하는 것이나 꿀을 제조하는 그 수단을 좀 보라. 참으로 놀라웁지 않은가! 각종의 화분이며 염분이며 쓴 것 단 것을 되는대로 취해다가 저의 독창적으로 꿀이라는 물품 하나를 이 세상에 출품하지 않는가.

우리 사람으로서도 모든 지식을 모아다가 나의 목적 하나를 달성하는 것이 꼭 그와 같은 것이거늘, 이 세상 어리석은 사람들의 용심用心하는 것을 보면 제각각 되지 못한 아만심에 사로잡혀서 '내가 어찌 저에게 배우랴?', '나의 모르는 것을 어찌 남에게 알리랴?' 하여, 항상 지식 있는 자를 꺼리고 어름어름하다가 필경 배울 기회를 놓치고 일생을 낭패하는 자가 허다하나니, 이 어찌 큰 병통이 아니며 이러고서야 무슨 향상이 있으리오.

그런고로 우리는 무엇보다 지우차별智愚差別의 정신을 확립하여 배우는 땅에 있어서는 모든 계급과 모든 차별의 관념을 일체로 소탕하고, 오직 배우기로만 주장하여야 할 것이다.

一. **가르칠 줄 모르는 병이다.** 배울 줄 모르는 것이 대병大病이라면 가르칠 줄 모르는 것도 역시 대병이다. 아무리 많은 글을 배워 알고 지식이 풍부한 사람이라 할지라도 그 지식을 직접 사물에 활용하여 자기의 보배를 만들 줄도 모르고 또는 그것을 펴서 남에게 가르쳐 줄 줄도 모른다면 그것은 당초에 배우지 아니하고 알지 못함과 조금도 다름이 없는 것이다. 나의 앎을 남에게 가르침으로 인하여 비로소 찬란한 광채가 나며 그에 따라 세상의 문명이 촉진되나니, 아는 자로서 모르는 자를 가르치는 것은 사람으로서 당연한 의무일 것이다.

그럼에도 불구하고 무엇 조금 남모르는 것을 아는 것이 있고 보면 그것으로써 잔뜩 자만하고 자긍自矜하여 저 모르는 사람을 대할 때에 그런 사람들과는 가히 한자리에 앉아 말할 가치도 없다는 관념을 가지고 있는 자 허다하나니, 이 어찌 대병이 아니리오.

그런 즉 이 대병을 고치기로 할진대, 무엇보다 서로서로 진실한 정신을 각성하여 이상에 말한 모든 그릇된 관념을 돈연히 놓아버리고, 오직 나의 아는 데까지 남을 가르치기에 노력하여야 할 것이다.

一. **공익심 없는 병이다.** 공익심이란 즉 이타주의利他主義의 발용發用으로써 모든 것을 항상 나만 이롭게 하려는 것이 아니라 남을 이롭게 하며, 남을 이롭게 하는 중에도 여러 사람을 이롭게 하기 위하여 이 세상 모든 공공公共사업을 건설하며 여러 가지 공익 기관에 원조하는 것이니, 인류 사회의 일분자로써 서로서로 의지하여 살아가는 인생의 본의를 돌아볼 때 그렇게 하는 것은 차라리 당연한 의무라 할 것이다.

그러나 과거 수천 년 동안 쩌리고 쩌린 개인주의가 은산철벽銀山鐵壁같이 굳어서 손톱만 치라도 남의 공일을 하여 주려는 생각은 근본적으로 가진 자가 드물뿐더러, 일시적 어떠한 명예에 끌려서 공중사를 표방하고 무엇을 한다고 하던 자도 오래지 아니하여 도로 사심私心의 발동으로 필경 그 일을 실패 중지하는 자가 허다하나니, 이로 말미암아 대소의 공익기관이 모두 피폐하고 파괴되는 현상인지라, 이 어찌 대병이 아니리오.

그런즉 이 대병을 고치기로 할진대 무엇보다 동포 상의지도相依之道[서로 의지하고 바탕이 되는 도]를 가르쳐서 인류 사회에 반드시 보답하여야 될 고정적 의무가 있는 것을 알려 줄지며 또는 공公을 위하는 것이 능히 그 사私를 이루는 것이 된다는 대승적大乘的 진리를 가르쳐서 개개인인으로 하여금 공익사업에 분발 노력하도록 하여야 할 것이다.

이상에 말한 것은 널리 현대의 병상病狀[병의 상태]을 비롯하여 특히 조선 유래의 고벽固癖[굳어져서 고치기 어려운 버릇]을 설파하여 나의 진찰을 완료하였는바 다시 요약해 말하자면,

허영의 생활을 안분의 생활로
원망의 생활을 감사의 생활로
의뢰의 생활을 자력自力의 생활로
배울 줄 모르는 생활을 배울 줄 아는 생활로
가르칠 줄 모르는 생활을 가르칠 줄 아는 생활로
개인주의의 사상을 공도주의의 사상으로 각각 변환 개혁하자 함이니,

이 말을 듣는 여러분은 안으로 자신을 반성하고 밖으로 세상을 관찰할 때, "과연! 참으로 그러한 병이 있는가? 없는가?'를 자세히 살펴보아서, 만약 조금이라도 있고 보면 호열자의 병균같이 무서워하고 두려워하여 이를 즉시 격퇴할 것이며, 선병자의先病者醫[먼저 앓아 본 사람이 의원醫員이라는 뜻]라는 말과 같이 자신의 병증을 완전히 나순 뒤에는 일체 세상 다른 사람의 병을 치료하여서 명랑, 평화, 건실, 원만한 새 사회를 건설함에 노력하기 바라는 바이다."라고 하시더라.

송도성 수필, 《회보》 36호, 시창22년 7월

7. 거미만 못한 사람

> 원기17년(1932) 12월 《월보》 제43호에 송도성이 수필한 법문으로, 『대종경』 수행품 7장과 연관된 법문이다. 법문에 등장하는 영산정사는 영산원을 칭한 것으로 보인다. 소태산 대종사, 영산에 행가할 시 처음에는 영산원 서편실을 사용하였고 후에는 동편실을 사용하였기에 영산원을 조실이라 부르기도 했다.
> 이 법문은 익산총부에서 감상된 것을 영산에서 하신 법문이다. 원기22년(1937) 금강원에서 영춘원으로 종법실을 옮기므로 법문의 예화 처인 종법실은 금강원이다. 원기17년대의 종법실은 금강원으로, 금강원은 원기13년(1928) 준공된 소태산 대종사 최초의 단독 주석 처이다.
> 정관평 2-4번지는 영산 대각전 아래에 위치한 토지로, 당시 백수면 장산리 거주하는 김원영金遠泳이 1927년 허가를 받아 1930년에 준공한 간척답干拓畓이다.

한때에 종사주[소태산 대종사] 영산정사에 계옵실 때, 부근 회원 중 몇 사람이 예회 날임에도 불구하고 회관 근처에 와서 나락 짐을 져서 돈벌이하고 있는 것을 보시고, 그 무각성함을 통탄하시와 아래와 같이 말씀하옵시다.[영산 대각전 아래의 정관평 2-4는 장산리 사람의 간척답이

다. 아마도 이 논과 관련된 이야기 같다.]

"저 사람들도 명칭은 우리 회원이다. 그러나 그 사람들이 무엇을 바라고 회원이 되었는지는 난 알 수 없으나 도덕가에 상종하여 바랄 것이라고는 오직 이 법일 것인데, 저 사람들은 법이란 것의 가치를 돈 몇십 전 만큼도 모르는 모양이다.

대저, 무식한 소견으로 얼른 생각하기에는 예회 보는 일은 돈이 생기는 것도 아니요, 옷과 밥이 나오는 것도 아니요, 오래 앉았으면 잠만 오고 몸만 개는데, 저렇게 지게를 지고 하루 품을 팔면 몸은 좀 고되다 할지라도 그 대신에 돈 몇십 전 수입이 되니 큰 수가 난 일이요, 그 이해타산이 매우 빠른 것 같기도 하다. 그러나 사실에 있어서는 절대로 그렇지 아니하나니, 어찌 어리석은 사람들이 아니랴. 그에 대하여 나의 전일 감상 된 바로 한 비유를 들어 이르리라.

내가 익산 본관에 있을 때에 하루는 바로 내가 거처하는 조실[금강원] 앞에서 무엇이 퍼드럭 퍼드럭 소리를 내더니, 한참 있다가 문을 열고 본즉 참새 한 마리가 거미줄에 걸려 있고 처마 속에 숨어있던 거미는 그것을 보고 수가 난 듯이 나와서 활동을 개시하고 있는데, 아마 그 거미는 여러 날 두고 먹을 살찌고 기름진 좋은 양식을 얻은 기쁨에 취한 듯하였다. 나는 그것을 볼 때에 한 감상이 생겨나서 그 거미의 성공을 무한히 감탄하였으며, 동시에 거미가 무지한 사람보다 낫다는 것을 알게 깨달았다.

왜 그러느냐 하면 저 거미가 먹을 것을 취하는 것이나 사람이 돈을 구하는 것이나 그 원願에 있어서는 같다 할 수 있는데, 거미는 그것을 취하였으되 오직 힘으로만 하지 않고 지혜로써 취할 줄을 알았으니, 지혜를 넓힐 줄 모르고 다만 육신의 노력으로만 돈을 구하고자 하는 사람에게 비하면 오죽이나 우월한가? 보라! 거미와 새 두 가지 물건을 비교해 보면 그 강약 우열優劣이 판이하나니, 거미는 새의 있는 날카로운 주둥이도 없고 또는 날쌘 날개도 없다. 힘으로도 그 새를 당적當敵[당해서 대적함]치 못할 것이요, 달음질로도 그 새를 미치지 못할 것이니, 만약 이러한 거미로써 그 새를 마구 쫓아 잡기로 했던들 잡기는

커녕 도리어 제가 잡아먹히게 될 것이 아닌가. 그렇거늘 이 지혜 있는 거미는 벌써 그것을 간파하여 쫓아 잡을 계획은 단념하여 버리고, 물러와서 가장 한가롭게 그 새의 왕래하는 길목에 줄치기를 시작하여 완성한 후에는 가만히 처마 속에 은신하여 시기의 도래를 기대하다가 결국 새를 잡고 말았으니, 이로 볼진대 거미는 과연 영리한 물건이 아니냐?

사람도 그와 같이 돈을 벌고자 할 때에 다만 육신으로만 노력하여 저 거미가 밥을 구할 때 새를 마구 쫓아 잡으려는 것과 같이할 것이 아니라, 먼저 정신을 수양하고 혜두慧頭를 단련하여 지혜를 많이 갖추고 보면 그 지혜를 한번 운용하는 결과에는 육신으로 백 날 천 날 버는 것보다 몇 배 이상의 돈을 일시에 벌을 수가 있는 것이다.

그리하거늘 이와 반대로 지혜를 준비할 줄은 모르고 다만 육신만 노력하려 한다면 그 버는 돈도 지극히 약소하여 항상 빈천의 구렁을 면치 못할 것이요, 또 혹자는 지혜 없이 돈을 직접 취하려 하다가 거미가 직접 새를 잡으려 하면 도리어 잡아먹히게 되는 것과 같이 돈을 벌기는커녕 오히려 멸망을 당하고 마는 수가 있으니라.

방금에 예회를 보지 않고 일에만 전력하는 저 회원들도 이 이치를 알지 못하므로 다만 육신의 노력으로만 벌려 하고, 참으로 큰돈을 벌게 하는 이 지혜의 공부에는 저와 같이 등한하니, 어찌 새를 잡으려 할 때 먼저 지혜를 사용하여 줄 칠 줄 아는 미물인 거미를 당할 자들이랴? 사실 지금에 있어 이 도덕만 잘하고 보면 불원한 장래에 정신으로나 물질로나 힘 안들이고 무상無上한 안락을 받게 될 것이며, 줄 칠 줄 아는 거미와 같이 밝은 사람이 되리니, 너희는 큰돈을 벌고자 하거든 참으로 이 공부에 전력하라." 하시더라.

송도성 수필,《월보》43호, 시창17년 12월

8. 동정動靜 간 안심安心하는 방법

송도성 수필의 '대종사 법설'에 수록되어 있는 법문으로, 『대종경』 수행품 19장에 약술되어 있다. 이순순은 표준제자인 9인 단원으로 천정리 천기동에서 살다가 길룡리로 이주하게 된다. 아마 이 법문은 소태산 대종사가 영산에 계실 때 이순순과 나눈 문답으로 여겨진다. 열흘마다 열리는 예회와 순순旬旬이란 법명은 묘한 상응이 있다.

이순순이 선생님을 뵈오니 선생이 물으시되,
"자네는 그간 집에서 공부를 어떠한 대중으로 하여 가는가? 나의 앞에서 말하여 보라." 하시니,
순순 대왈對曰 "저의 마음을 평화平和하게 하고 편안하게 함으로써 주장하옵나이다."
선생: "평화한 마음과 편안한 마음을 가지기로 하면 어찌하면 가져지느냐?"
순순: 능히 대답치 못하거늘,
선생: "내가 장차 안심하는 필요한 방법을 일러줄 터이니, 자상히 들어보라." 하시고 말씀하시되,
"대범 사람이 항상 동動과 정靜 두 때가 있으니, 그 동정動靜 두 때에 순서順序를 잃지 아니하고 동動하는 경계를 당하면 취사를 앞에 하고 일을 뒤에 하여 여러 가지로 생각하여 보아서 당시 형편과 원융圓融 대도大道에 합하는 일은 취하여 행하고, 합하지 아니한 일은 행하지 아니하여 번뇌의 근원을 없앨 것이요, 정靜하는 경계를 당하면 정신을 온전하게 하여 문목問目도 연구하며 앞에 당할 일을 예산豫算도 하나니, 동할 때의 공부는 정할 때의 예산에 있고, 정할 때 공부는 동할 때의 처리處理에 있나니, 만일 그러한 방법을 알지 못하여 동할 때에는 온갖 망령된 생각과 망령된 행동으로써 모든 번뇌를 지어내다가 정할 때를 당하고 보면, 써 이르되 '공부한다' 하고 혹은 묵상黙想도 하며, 혹은 연구도 하여 안심되기를 구하나 결단코 안심되지 못할 줄로 나는 아노라. 또는 일없을 때에는 정신을 산란하게 가져서 아무 예산 없이 있다가 일을 만나면 문득 어찌할 바를 모르고 되는대로 행하니, 그

가운데서 어찌 마땅한 것을 얻으리오. 그런고로 자네들에게 이르나니, 안심되지 아니함을 근심치 말고 동정 간 공부를 놓지 아니하여 모든 번뇌의 근원을 알아서 끊으면 청정한 본성이 권성券成[증서·계약이 이루어짐]되리라." 하시더라.

송도성 수필, 수필 법설집 2, 『원각성존 소태산 대종사 수필법문』, 53쪽

9. 나의 어려운 고행을 본받지 말라

송도성에 의해 수필 된 법문으로, 『대종경』 수행품 47장에 실린다. 아마도 소태산은 구도과정에서 여러 수련법을 거치면서 시행착오도 있었을 것이며, 도사나 이인들에게 둘려도 보시고 속아도 보셨을 것이다. 이러한 경험에 의해 사람이 밟을 사실적인 인도人道에 타당한 수행을 제시하신다. 이와 같이 당신의 난행고행으로 밝혀 놓은 실생활의 정법正法을 밟아가라는 당부가 깃든 법문이다.

종사주 매년 추울 때를 당하심에 항상 해수咳嗽[기침] 천식喘息[숨이 가쁘고 기침이 나며 가래가 심한 병]으로 고생하사, 일찍이 설법 일절一節에 기침을 한차례 하시는지라, 인因하여 대중에게 이르시기를,

"내가 고향인 길룡리에서 낳고 자랐다는 것은 그대들이 다 아는 바일지라. 빈곤이 세계에서 제일이고 배우지 못한 것이 세계에서 제일이라, 문을 나서매 가히 말을 더불어 할 자가 없었거늘 어찌 도덕에 대한 말을 들을 수 있었으리오. 내 다행히 전습前習으로 유년에 발심하여 용맹으로 법을 구했으나 가히 물을 만한 곳이 없었고, 가히 인도할 사람이 없었기 때문에 홀로 뜻을 내어 어려운 일을 행함에 아니 한 일이 없었으니, 혹 산에 들어 밤을 새우기도 하고 혹 기름을 태워 날을 잊기도 하였으며 혹 얼음을 녹여 몸을 씻기도 하였으며 혹 음식을 끊고 추운 곳에서 거처하기도 하였다. 그래서 말없이 해를 거듭함에 이르러

서 의심했던 바가 점차 풀렸으나 병의 뿌리는 모두 깊었다. 지금 내 해수는 그때에 얻은 것으로 기혈이 점점 쇠함에 병의 기운이 더욱더 성하니, 비록 오래 머물고자 하나 어찌 능히 그럴 수 있으리오. 그대들은 다행히 내가 희생한 덕을 의지하여 이제 대승 원만한 법으로 수행한 즉 어찌 어려움을 건느고 고생을 맛보는 그러한 일이 있을 것이오.

대저 일상삼매와 일행삼매와 동정 간 불리선법과 무시선 무처선 등 강령 표어는 모두 대승선 수행의 지름길이라. 만약 사람이 이를 쓴다면 일은 반半만 하고 공功은 배가 될 것이고, 병들지 않고도 쉽게 이룰 것이니, 어찌 나의 어려운 고행을 본받아서 신명身命[몸]을 상하는 화를 불러들일 것인가, 경계하고 경계할지어다."

송도성 수필, 절막효아난고지행切莫效我難苦之行하라, 『원각성존 소태산 대종사 수필법문』, 61~62쪽

10. 자작자수自作自受

| '송도성 수필 법설집'에 등재된 법문으로, 『대종경』 인과품 30장에 약술되어 있다.

선생이 영광에 계실 때에 그 동리 사람 하나가 스스로 발심하여 선생님에게 자백하되, "이제는 저도 전과前過를 참회하고 선생님의 제자가 되어 가르치심을 받들겠나이다."하고 서원서를 올리거늘, 선생이 무수히 칭찬하시고 그 서원을 받으시다.

그 후에 선생님께서는 곧 영광을 떠나서 수년지간數年之間을 사방에 주유周遊하시다가 다시 영광으로 오시니, 그 때에 스스로 와서 맹서盟誓하던 학도가 선생님의 떠나신 후 또 다시 방심하여 주색잡기를 난행亂行하며[난잡하게 행하다], 금전을 많이 소비하여 가산을 탕패蕩敗하고[재물 따위를 다 써서 없애다], 여러 사람의 채금[꾼 돈, 빌린 돈]을 갚지 못하여 채주債主[돈을 빌려준 사람]의 압박이 비상非常[예사롭지 아니함]하고 동리의 조소[빈정거리거나 업신여기다]가 심한지라, 그 학도學徒 전일 선생님에게 맹서하고 개과치 못한 것을 부끄러워하여 아무쪼록 선

생님을 피하여 대면치 않으려 하였습니다. 그러다가 어찌하여 길거리에서 피치 못하고 만나게 되었습니다.

 선생: "무슨 연고로 나의 있는 곳에 한 번도 오지 않느냐?"
 학도: "죄송하옵나이다."
 선생: "무엇이 죄송하다는 말이냐?"
 학도: 얼굴을 숙이며 고하되, "제가 전일에 선생님에게 참회하던 말씀이 이제 와서는 다 기망欺罔[남을 속여 넘김]에 돌아갔사오니, 죄가 측량치 못하겠나이다. 오직 선생님이시여, 높으신 덕으로 넓게 용서하여 주시기를 비옵나이다.」
 선생: "나에게 용서하여 달랠게 없나니라. 지금 네가 방심하여 너의 가산을 탕패하였으니, 모든 일에 곤란 당하기를 뉘가 당하느냐. 혹 내가 너를 대신하여 당할 수도 있을까?"
 학도: "어찌하여 저의 지은 죄를 선생님께서 당하오리까. 제가 당장에 극極히 받고 있습니다."
 선생: "받으면 어떻게 받느냐?"
 학도: "주색잡기하기에 채금을 많이 졌더니, 채주가 저의 가산 기물과 작농 수익을 전부 집행하여 가고 가중家中 권솔眷率[식구]이 호구糊口[입에 풀칠하다]할 방책이 없사와 곤고困苦 막심하오나, 저는 생각하되, '이 모든 물질에 곤란을 받는 것보다는 선생님에게 죄를 졌다' 하는 걱정이 더 하옵나이다."
 선생: "그렇지 아니하다. 내가 너를 대신하여 너의 지은 죄를 받는다면 나에게 죄를 지었다고도 할 것이요, 나를 피할 수 있으나, 화복禍福 간에 네가 지은 일은 반드시 네가 받고 내가 지은 일은 반드시 내가 받는 것이니, 지금 너는 나를 기망欺罔하였다고 생각하나 실은 나를 기망함이 아니라 네가 너를 기망함이로다. 나를 해害함이 아니라 네가 너를 자해함이로다. 이후부터는 공연히 나를 피하려고도 말고, 부끄러워하지도 말라."

송도성 수필 법설집 2, 『원각성존 소태산 대종사 수필법문』, 97쪽

11. 분서치사 糞鼠致死

'송도성 수필 법설집'에 등재된 법문으로, 소태산 대종사, 영산에 계실 때 분강糞釭에 왔다 갔다 하는 쥐를 보고 느끼신 감각 감상을 제자들과 나눈 문답이다. 소태산 대종사의 인과와 사실에 대한 관점을 볼 수 있다.『대종경』인과품 31장에 약술되어 있다.

　선생이 영산에 계실 때에 제자 수인이 채소밭을 매거늘 선생이 그 밭으로 가시니, 분강糞釭[똥통]이 그 근처에 있는데, 여름날 성염盛炎[한 더위]을 당하여 분강 속에 뭇 버러지가 많이 있어서 꿈틀꿈틀하는지라, 측실廁室[뒷간]에 사는 쥐 한 마리가 나와서 그 벌레를 주워 먹고 가는 것을 보고 채소밭 매는 사람들이 말하되, "저 쥐가 가끔 나와서 저렇게 주워 먹고 가더이다." 하거늘, 선생이 가라사대,

　"저 쥐가 지금은 제 마음대로 분강 속에서 횡행하며 뭇 벌레를 주워 먹으나 머지않아 곧 벌레에게 먹힐 바가 되리라." 하시고, 다시 그 사람들에게 "그 뜻을 알겠느냐?" 물으시다.

　제자들이 한참동안 묵묵하더니, 이에 고하되, "저희들은 이렇게 생각하옵나이다. 지금은 쥐가 강한 기운을 품수稟受[선천적 타고남]하여 생겼으니 저 미미한 벌레를 주워 먹으려니와, 그 벌레가 몸을 바꾸어서 쥐보다 더 강하게 되는 때는 쥐를 도로 잡아먹게 될 듯하옵나이다."

　선생이 가라사대,

　"너희들은 후생을 두고 말하는 모양이나, 나의 말하는 바는 후생이 아니라 이 며칠 사이에 쥐가 저 몸으로써 벌레에게 먹히는 바가 될 것이니, 너희도 곧 볼 것이라." 하시니, 제자들이 어떠한 말씀인지 이해하지 못하였더라.

　그런 후 선생은 집으로 가시고 그 제자들은 채소밭을 다 맨 후에 분강 속에 쌓여있는

똥을 다 긁어내어 채소밭에 비료하고, 빈 분강 속에는 다만 물만 조금 남아 있을 뿐이었더라. 한 수일 후에 선생이 측실에 지나시니, 그 쥐가 과연 분강[분항아리] 속에 빠져서 떠다니고 그 속에 사는 뭇 벌레가 모여들어 쥐의 전후좌우에 달라붙어서 빨아먹는지라, 마침 그 날에 채소밭 매던 제자가 그 앞으로 지나거늘 선생이 부르시사 하여금

"보라!" 하시며 가라사대,

"나의 하던 말이 헛말인가 생각하여 보라." 하시니,

대개大蓋 선생은 미래사를 예산하시되, 그 쥐가 지금은 똥이 말라서 견고하여 위로 횡행하면서 뭇 벌레와 똥을 주워 먹거니와 지금 저 채소밭을 매니, 매면 반드시 똥은 긁어내고 물만 남게 될 것이요, 그때에도 저 쥐는 전의 습관으로 들어오다가 반드시 빠져 죽을 것이요, 빠져 죽으면 뭇 벌레에게 먹히리라고 아셨거늘, 그 제자들은 다만 선생님은 혜감慧鑑[지혜의 거울]이 신명神明하시와 쥐의 미래까지 아신다고 탄복할 뿐이더라.

송도성 수필, 『원각성존 소태산 대종사 수필법문』, 97~98쪽

12. 원하고 구하는 것의 호好와 부否

> 송도성 수필의 '대종사 법설'에 수록된 법문으로, 『대종경』 인도품 15장에 약술되어 있다.

선생님께서 영산에 계실 때이다. 신진 학도新進學徒 한 사람이 있어서 다대多大한 금전金錢을 희생犧牲하여 여러 가지 음식과 모든 폐물을 갖추어서 선생님을 뵈옵거늘,

선생님께서 그 사람에게 말씀하시되,

"그대가 지극한 정성으로 이와 같이 나를 위로하여주니, 무한 감격하다. 금후今後[이후]에도 영원토록 우리의 사귐이 갈리지 않아야 할 터인데, 이제의 친절함이 변하여 후일에

서그러짐[성글대]이 있을까 염려하노라."

그 사람: "그러할 리는 만무합니다. 제가 선생님을 반대하지 못할 것이요, 제가 반대하지 않으면 선생님께서 저를 버리지 않을 터이니, 어찌 서그러지오리까."

선생: "그대에게 매였나니라. 그대가 이제 나를 상종하되, 원하는 바가 나에게 있는 것을 구하면 이거니와 만약 나에게 없는 것을 구하면 우리의 사귐이 길지 못하리라." 하시고, 인因하여 이러한 이야기利藥를 하시다.

"내가 일찍이 경성에 있을 때에 이러한 말을 들었다. 경성에 어떠한 부호 세력가에 모든 문객門客이 출입하는 데, 출입하는 가운데 갑甲과 을乙 두 사람이 있었다 한다. 갑은 어떠한 뜻을 가졌느냐 하면 저 부호를 친근하여 그 권력을 얻어서 권리도 부리고 금전도 얼마든지 차용借用하겠다는 생각이었으며, 을은 그와 정반대로 권리와 금전은 조금도 탐하지 아니하고 다만 그 사람의 부호된 원인을 알려고 하며 방법을 배우려 할 뿐이었다 한다.

갑甲은 권리와 금전을 탐하는 마음에 그 사람을 친근키 위하여 여러 가지 폐물을 보내며 모든 음식을 공대供待하여 백방으로 그 뜻을 맞추기에 정성을 다하여서 필경에 저의 소망대로 그와 친절하게 되었다 한다. 친절하게 됨에 금전을 차용하며 권리를 천단擅斷[제 마음대로 처단함]하여 저의 본원을 발휘하는 사이에 다른 사람의 권리를 앗아서 제가 홀로 주장하며, 다른 사람의 사랑을 끊어서 제가 홀로 받으려 하며, 다른 사람의 전답을 천동擅動[마음대로 처리함]하여 제 마음대로 경작하는 가운데 사면팔방으로 원수를 삼고, 집 안 용도用道가 번창함에 따라서 다대多大한 채금債金을 얻어 가지고 제가 쓰기로 하며, 혹은 다른 사람의 빚봉수[빚보증]도 하여 이와 같이 몇 해를 지내고 보니, 가세가 점점 탕진하여 저의 본래에 가지었던 재산까지 여지餘地[남은 땅] 없이 되고 호구糊口할[먹고 살] 방책이 없게 되니, 그제는 이 사람이 그 부호를 원망하되, "나는 오늘까지 정성껏 자기를 보호하였으니, 만약 자기도 반분半分이라도 나를 동정하여 주는 마음이 있을 찌면 나로 하여금 이 지경에 이르지 않을 것인데, 동정은 고사하고 나의 본래에 가지었던 재산까지 다 앗아가니, 그는 나를 못 살게 한 원수이라" 하고 필경은 그 부호와도 원수가 되고 말았다더라.

을乙은 생각하되, '저 사람이 저러한 부귀를 이룬 것은 무슨 방법으로든지, 무슨 지식으로든지, 무슨 규칙으로든지 남보다 나은 점이 있기로 해서 남보다 나은 업業을 지은 것이 아닌가. 내 마땅히 친근하여 그 원인을 알리라' 하고 정성과 힘을 다하여 그 부호를 섬기고, 사농공상 간에 산업의 방법을 문의하여 부호로 하여금 자기의 산치産治하는데 고문顧問을 삼아서 그 사람의 지휘대로 몇 해를 지내보니, 가세가 점점 불어나서 곧 부요富饒[부유하고 풍요]한 살림이 되었는지라, 그제는 이 사람이 말하되, "오늘날 이러한 가세를 일어낸 것이 나의 힘만 아니라, 방법을 가르쳐 주신 이의 공이라" 하고 그 부호富豪와 영원무궁한 인연이 되었다 하더라." 하시니라.

송도성 수필, 대종사 법설, 『원각성존 소태산 대종사 수필법문』, 76쪽

13. 자녀교육에 대하여

시창21년(1936) 4·5월호인 《회보》 제24호에 김형오의 수필로 기재된 법문이다. 소태산 대종사는 '희사위 기념식'에 있어 재래와 같은 음식 공양이 아니라 신제례법新祭禮法을 따라 제주들과 오신 손님들에게 '자녀교육'에 대한 법공양을 내리고 있다. 『대종경』 인도품 46장과 연관되어 있다.

소태산 대종사는 원기12년(1927) 음 1월경에 유공인 대우법을 발표한다. 첫째, 정남 정녀로서 본회를 위하여 헌신 노력한 자[정남정녀 합동기념: 1월 1일] 둘째, 전무출신으로서 본회를 위하여 헌신 노력한 자[전무출신 합동기념: 3월 1일] 셋째, 재가회원으로서 본회를 위하여 많은 공적이 있는 자[재가 창립주 합동기념: 9월 1일] 넷째, 법강항마부 이상에 승급한 자녀를 희사하여 희사위에 해당한 자[희사위 합동기념: 12월 1일]이다. 희사위 기념은 바로 12월 1일에 거행했다.

> '영산정사'는 영산원 일대를 말한 듯하다. 영산원을 소태산이 오시면 거주하기에 조실이라 하였고, 집회를 한 공간은 학원실로 여겨진다.

매년 12월 1일은 본회 대희사의 열반기념일이다. 이때에 종사주 영산정사에 계시사 대중을 향하여 말씀하여 가라사대,

"저 세속에서는 남의 제사에 참례하면 으레 술 한 잔, 안주 한 점, 떡 한 접시는 먹을 터이요, 넉넉한 집 제사라면 종일 포식장취飽食長醉[배불리 먹고 취함]하지 않는가. 그래 오늘도 불법연구회 선생의 부모님 제사에 참례하였으니, 원근 각지에서 추위를 불고하고 온 여러 사람이 좀 잘 먹고 유쾌히 놀아야 할 터인데 술과 고기를 그만두고 콩나물 깍지 하나도 못 먹게 된 것이 참으로 미안하나, 그러나 이는 불법연구회에서 제정한 신제례법新祭禮法에 의하여 제사를 지내는 까닭이니, 그리 알라. 우리 회원은 이런 말을 않더라도 다 알 터이나 혹 회원이 아닌 처음으로 온 사람이 있으면 오해할까 하고 알리기 위하여 이 말을 하노라.

방금에도 말한 바와 같이 저세상에서는 제사나 잔치에 으레 음식으로써 공양을 하는 것이 정칙이나, 본회에서는 일찍이 뜻한 바 있어 음식을 위주하지는 아니하니, 우리는 오늘 음식을 먹는 대신에 좋은 법으로써 공양함이 어떠한가. 술이나 떡이나 고기 같은 음식은 먹을 때는 좋으나 돌아서면 그만이요, 오히려 많이 먹으면 병을 사는 수가 있으되, 우리 인간 생활에 필요를 주는 좋은 법은 들어서 실생활에 잘 이용하면 당장에 자기 앞에 좋은 일은 물론이요, 세세생생에 전자전손傳子傳孫[자손에게 전함]하여 가며 다시없는 보감이 될 것이니, 실례를 들어 말할진대 이 좋은 법法 공양이 어찌 한때의 음식 공양에 비하리오. 대중은 정신을 가다듬어 음식을 맛있게 먹듯이 나의 말을 잘 들어 보라.

우리가 인류 사회에 출세하여 참 생활을 하기로 말하면 천만 가지 요법이 있나니, 물론 그를 다 배워 알아야 하고 행하여야 할 것이다. 그래 나의 마음에는 이 허다한 요법을 여

러 사람에게 다 가르쳐 주고 싶으나 단번에 다 가르쳐 주면 중히 여기지 아니하고 한 귀로 듣고 한 귀로 흘려 다 잊어버리게 되나니, 비컨대 아무리 좋은 물건이라도 단번에 많이 얻으면 귀하게 알지 아니하고 잘 간수하지 아니하는 것과 같나니라. 그런즉 그는 다음으로 차차 배우기로 하고 오늘은 그중에서 가리어 자녀 교육하는 데에 세 가지 요긴한 법을 말하고자 하노라. 이는 우리가 다 부모의 처지에 있으니, 무엇보다도 먼저 알아두어야 할 방법이 아닌가?

대개, 세상 사람들은 자녀 교양 시키는 방법을 모르며 참으로 어여뻐하고 미워할 줄을 모르나니, 자녀가 어여쁠진댄 음식이나 많이 먹이고 의복이나 곱게 해 입히며, 미울진댄 몽둥이라도 가지고 사정없이 때리거나 '죽일 놈, 살릴 놈' 하며 모진 욕을 하거나 할 뿐이니, 어찌 그 자녀 교양 시키는 방법을 안다 할까? 이러한 방법으로써 가르쳐 놓으면 그들의 전정前程[앞길]이 어떻게 되며 앞으로 오는 세상이 어떻게 될 것인가. 우리는 이 점에 각성을 하여 자녀를 참으로 어여뻐 할 줄도 알고 미워할 줄도 알아서 아래에 말한 세 가지 조건을 명심하라.

첫째는 땅에 떨어진 물건은 좋으나 낮으나 주워오지 못하게 할지니, 자녀들이 혹 땅에 떨어진 물건을 주워오면 10에 8, 9는 반겨하고 칭찬하며 '애 잘했다, 재수있다' 하는 부모가 많을 것이다. 그러나 우리는 그리할 것이 아니라, 이 악습관惡習慣을 고치어 혹 집어 가지고 집에 돌아오면 좋은 말로 이르되 '땅에 떨어진 물건은 이 물건 임자를 찾아 주지 못할 터이면 당초에 손을 대지 말라. 잃은 사람이 오죽이나 애통하겠느냐. 다른 사람은 주워 갈지언정 너희는 주워오지 말라' 하여 이러한 말로 달래어 놓여 있던 그 자리에다 도로 갖다 두게 할지며,

둘째는 저의 재주나 권능을 다하여 남의 권리를 앗아 오거나 남 못할 애석한 일을 못하게 하여야 할지니, 한 예를 들면 전답 간에 소작권 같은 것이나 남의 산을 지켜주고 논 마지기나 얻어 벌고 사는 산지기 등이 다 이렇게 거기에 생명을 의지하고 있는 것 등을 저

의 기능을 써 교제를 하여 권리를 빼앗아 가지고 오면, 이도 대개는 운수가 돌아온 줄 알고 제 자식이 똑똑한 줄 알며 대단하게 알아 손으로 떠받들려 하며 칭찬을 하나니, 우리는 또 이러한 악습관을 고치어 혹 자식이 이러한 행동을 하더라도 좋게 여기지 말고 좋은 말로 이르되 '그 전답이나 산판山坂에다 목줄을 달고 벌어 먹고살던 식구는 어떻게 될 것이냐. 밥통을 빼앗긴 폭이니, 오죽이나 원통하고 원수가 맺히겠느냐. 피차 호의好意로써 양해가 있기 전에는 그리하지 말라. 남 못 당할 일은 나도 못 당하니라. 다른 사람은 하더라도 너희는 말라' 하여 항상 주의시키고 금지시켜야 할 것이며,

　셋째는 남의 해담害談을 못하게 하여야 할지니, 이도 속세 사람으로 대개는 남의 선한 일은 잘 말하지 아니하되, 서나 앉으나 남의 해담은 잊지도 않고 잘하며, 귀를 기울이고 잘 들으며, 일삼아서 하게 된다. 또는 부모·형제간에 한 가정 사람끼리 모여 앉아서도 남의 말이 아니면 할 말이 없다고, 말말이 남의 해담이 많고, 혹 자녀끼리 하는 말도 금지할 줄을 모르고 오히려 대답하여 같이 하는 일이 많지 않은가? 우리는 또 이러한 악습관을 고치어 때로 자녀들을 경계하되 남의 좋은 말은 할지언정 흠담欠談[흠을 헐뜯는 말]은 못하게 할 지며 그 시간에 좋은 책이나 읽고 글자 같은 것을 익히어 필요하게 시간을 보내도록 하여야 할 것이다.

　자녀 교육에도 그 요법이 한정이 없으나 이상 세 가지만 각자 명심하여 실행하여 보라. 여기에 모인 여러 사람으로부터 온 세상 사람이 다 자녀 교육을 이러한 법으로써 하면 그야말로 산무도적山無盜賊하고[산에는 도적이 없고] 도불습유道不拾遺하는[길에 떨어진 물건을 주워 가지지 않는] 문명한 세상이 될 지며, 이러한 선행을 하는 사람의 앞에 복이 아니 가고 어디로 갈 것인가? 이러한 사람은 물론 관청에서 신용하여 보호할 것이요, 지주가 전답을 줄 것이며, 온 세상이 다 옹호하여 주는 대복大福을 받을 것이다. 그러니 오늘에 이 기념에 금전을 소비하여 음식을 좀 먹고 마는 것보다 그 대신에 좋은 법을 들어 장래에 여러 사람이 대복을 장만하게 되며, 소비될 금전은 저축하여 공익사업에 사용하면 여러 방면으로 이익이 있을

뿐이요, 해는 조금도 없을지니, 이것이 실로 큰 공양이며 문명한 법이 아니고 무엇이랴."
하시더라.

김형오 수필,《회보 24호》, 시창21년 4, 5월

14. 명예욕으로써 명예를 타락케 하는 실증

원기14년(1929) 2월호인 《월말통신》 제12호에 송도성 수필로 기재된 법문이다. 『대종경』 인도품 54장에 약술되어 있다. 영광 땅 한 부호는 백수면 장산리 부호로 알려져 있다.

전남 영광 땅에 한 부호가 있는데, 어느 해 흉년을 당하여 약간의 전곡으로 인근 빈민을 구휼救恤[재난을 당한 사람이나 빈민에게 금품을 주어 구제함]한 후 항상 송덕頌德[공덕을 기림]해 주기를 바라거늘, 동민들이 논의하고 석비石碑[돌비] 한 개를 세워 그 은공恩功[은혜와 공로]을 표창하였더니 그 사람이 오히려 그 석비가 만족하지 못하다 하여 다 쓸어버리고 스스로 거액의 금전을 판출辦出하여 좋은 돌을 구해다가 송덕하는 문구를 열각列刻[새겨]해 세우고 웅장한 비각을 건축하는지라, 이것을 본 동민들은 그 사람의 행사를 우습게 생각하여 거리거리 모여 앉으면 그 사람의 험구險口[욕]와 조소[비웃음]이었다. 김광선이 이 말을 들었다가 회화會話에 발표하였더니, 종사주 들으시고 가라사대,

"이것이 경전이 아니고 무엇이 경전이랴. 그 사람은 우리 사회에 수만 원의 기부한 이보다 더 큰 공덕이 되었다 하겠도다. 어찌 그러하냐 하면 수만 원의 돈이란 것은 쓰면 곧 없어지는 것이로되 그 사람의 이 말은 쓰되 없어지지 아니할 경계警戒[미리 조심하는 것]의 언본言本이 되리라.

제군은 이 경전을 읽고 한번 생각해 볼지어다. 그 사람이 제 명예를 나타내기 위하여 그 일을 했건마는 명예가 나타나기는 고사하고, 그 전에 있던 명예까지 타락된 일이 아닌

가? 5척의 치동穉童[어린아이]이라도 그 사람의 인격을 비열하게 알지 아니할 자 없을 것은 물론이다. 그런고로 우치한 사람이라 하는 것은 명예를 구한다는 것이 도리어 명예를 손상케 하며, 부처와 성현은 따로 명예를 구하지 아니하고 자기의 당연한 책임만 행하건마는 자연히 위대한 명예가 돌아오느니라." 하시더라.

송도성 수필, 《월말통신》 12호, 시창14년 2월

15. 위位를 얻고 못 얻기는 사업에 있다

《회보》 제6호에 서대원이 수필하여 실린 원기14년(1929) 11월 20일 법문이다. 영산정사는 영산원으로 여겨지며 『대종경』 실시품 13장에 약술된다.

한때에 종사주[소태산 대종사] 영산정사에 계시옵더니, 그 어느 날 해該지방 경찰관 주재소 순사 한 사람이 무슨 일로인지 영산을 향해오다가 인근 촌가에 머무르고 사람을 보내어 종사주와 회견을 청하거늘, 종사주 말씀을 들으시고 곧 일어나시어 그 사람의 청한 바에 응하려 하시니 좌우에 모시었던 제자들이 법가法駕를 만류하며 가심이 불가함을 고하거늘,

종사주: "무엇이 불가不可할꼬?" 하시며 대중의 의향을 물으시니,

한 제자 일어나 여쭙기를 "대관절 그 자의 청함이 예禮를 잃었습니다. 참으로 도道가 있는 세상이고 볼진대 도덕 높으신 선생님을 방문하자면 반드시 비사후폐卑辭厚幣로써 몸을 굴함이 떳떳한 예이거늘, 아무리 도덕이 값없는 이 시대이기로 그 같은 순사 관직이 그늘에 숨어서 수백 대중을 거느리신 선생님에게 향하여 제 어찌 오라 가라 하는 직권 행사를 기탄없이 하오리까? 그것도 어떠한 법률에 관계가 되어 공법으로써 부른다면 부득이 가실 수밖에 없겠지마는, 개인적 사의로써 그러한 무례 망거를 행함에 대하여 종사님께옵서

만약 거기에 왕가하신다면 법위의 존엄을 손상할 뿐 아니라, 일반 회중에 더할 수 없는 치욕이 될까 하나이다."

종사주 그 말씀을 들으시고 가라사대,

"그 말도 그럴 듯하나, 제군은 조금도 염려치 말라. 내가 거기를 간다고 위가 조금도 깎이지도 않을 것이요, 제군에게 치욕이 미칠 일도 만무하다. 왜 그런고 하니, 어느 개인이나 어느 국가나 이미 얻은 권리를 도로 잃어버리게 된다면 그것을 이르되 지위 손상이니, 위신 타락이니 하여 위가 깎인다고 하겠지마는 아직 얻지도 아니한 데 대해서야 무엇이 손상이 되고 타락이 될 것이 무엇 있으랴.

제군들로 말하면 무엇으로 보았든지 이미 나에게 선생이란 위를 양여讓與[남에게 넘김]하였으니, 내일은 어찌 갈지라도 오늘까지는 내가 그 위를 받았고, 받은 이상에는 모든 사리事理에 대하여 잘 알았으면 잘 알았다, 잘못 알았으면 잘못 알았다, 모든 행동을 잘하면 잘한다, 잘못하면 잘못한다고 하여 시비 사정을 판단해 줄 권리가 있거니와, 저 순사로 말하면 상당한 사명을 띠고 국가의 치권을 가지고 있는 자요, 나로 말하면 몇 백 명의 두령으로 다만 교주라는 명칭이 있을 뿐이요, 백성의 자리를 벗어나지 못한 사람이 국가의 치권을 쥐고 있는 명칭 관리가 오라고 하는데 가지 않을 권리가 무엇이랴.

더욱이 근대 조선 교회라 하는 것을 볼진댄 모두가 허위요, 미신이므로 각 단체나 각 사회에서 교주라 하면 박멸을 주는 것은 현재 우리의 눈으로도 많이 보지 않는가? 우리의 사업도 종교의 사업으로 아직 그 순사 보기에 크게 위 받을 만한 사업이 드러나지 아니하였으니, 국법을 쥔 소위 관리라 하는 자로 우리에게 얼마나 융성한 대우를 하겠는가. 아무리 국정을 쥔 관리일지라도 나와 사제의 의가 있다면 이거니와, 그가 원래 나에게 선생이란 위를 주지도 아니 하였고 또 내가 그 위를 받지도 아니하였으니, 그가 어떠한 행동을 한다고 할지라도 나는 오직 무관할 것이며 나의 지위에도 하등의 구애됨이 없도다." 하시고,

곧 일어나시어 그 순사를 면회하고 돌아오시다.

제자들은 천동 지동 나와서 기쁨에 넘치는 얼굴로써 법가를 맞이한 후, 또 무슨 법설이나 계실까 하고 정신을 수습하고 귀를 기울이고 있는 차에, 종사주 법좌에 올라서 말씀하여 가라사대,

"내가 오늘 그 순사를 회견하고 무한한 만족과 호감을 사고 왔노라. 내가 거기를 당도한 즉 나와 회견을 청한 그 순사가 버선발로 뛰어 내려와 어줍은 태도로 환영하며, 이 위에 더할 수 없는 만족과 호감을 품은 거동이 눈에 보이더라.

대범, 범부 중생이라 하는 것은 항상 남의 잘됨을 미워하며 시기하여 조그마한 일이라도 그 사람의 위를 깎으려고 애를 쓰는 사람이 허다하거늘, 어찌 저 순사인들 도덕의 훈련이 없는 바에야 범부 중생을 벗어났다 하리오. 오늘 만약 그대들의 만류함을 받아 '위가 높은 나로서 어찌 일개 순사에게 몸을 굴할 것이 무엇이랴' 하고 가지를 않아서 보라. 저 순사가 물론 저와 같이 만족과 호감을 얻기는커녕, 도리어 나를 미워하고 시기하여 나를 해코자 할 것은 사실이다. 오늘 그대들의 만류하는 것은 위位 구하는 법을 알지 못하는 연고이니, 내 오늘은 위를 구하는 법을 말하리라.

그러나 우리가 위를 구하기로 하면 제일 먼저 생각해 볼 것이 있으니, 그것은 '무엇이 들어서 나에게 위를 주며 또는 무엇이 들어서 나의 위를 손상케 하는가?' 이 두 가지다. 그런데 지금 이 세상에서 남에게 위 받는 사람들의 내면을 살펴보면 이리 가나, 저리 가나 쓰임 많은 사람이 되어 세상이 요구하고 귀애하여 모든 사람의 도움을 받기 때문이요, 또 이 세상에서 위 받지 못한 사람의 내면을 살펴보면 이리 가나, 저리 가나 쓰임 없는 사람이 되어 세상이 미워하고 싫어하여 모든 사람이 그 사람을 해롭게 하기 때문이다.

그러므로 위를 받고 못 받는 것이 나의 짓는 바에 있는 것이요, 결코 구하는 데에 있지 아니하나니, 자기가 이利에 앉아서 위를 구하면 주지도 않을 뿐 아니라 혹 준다고 할지라도 길지 못할 것이다. 그러나 이와 반면에 저 사람이 먼저 위를 주고 보면 그 위가 영원히 지속할 것이요, 실實한 위가 될 것이니, 만약 참다운 위를 구하기로 할진대 우리에게 위를

주고 아니 주는 권리를 가진 저 여러 사람이 무엇을 보아서 우리에게 위를 주고, 무엇을 보아서 우리의 위를 상하게 하는가를 자상히 보아서 우리에게 위가 돌아올 그 일만 먼저 하여버리면 구하지 아니하여도 자연히 위가 돌아올 것은 명약관화明若觀火의 사실이다.

알기 쉽게 한 예를 들어 말하면, 가령 만석꾼이라는 부자의 이름을 구하는 사람이 다만 그 이름만 탐하여 다른 부자들이 하는 대로 그 부자가 값있는 옷을 입으면 나도 값있는 옷을 입고, 맛있는 음식을 먹으면 나도 맛있는 음식을 먹고 하여 채금債金을 얻어서라도 그 부자의 하는 행동만 모방하여 보라. 누가 그 사람을 만석꾼 부자라 하며, 만석꾼 부자의 위를 주겠는가. 그런즉 참으로 부자의 이름을 구하기로 할진대 이름 먼저 구할 것이 아니라, 주야불식하고 근검저축하여 앞마당에 만석의 노적露積 벼눌[볏가리] 먼저 쌓아놓고 보라. 누구나 이 사람을 보고 만석꾼 부자라고 아니할 사람이 없을 것이요, 만석꾼 부자의 위를 주지 않을 사람이 없을 것이다. 이 사람이 본래에는 이름을 구하지도 아니하였지마는 만석의 노적을 쌓아 만석꾼이라는 표적이 나타남을 인하여 자연 만석꾼 부자라는 이름을 얻지 않았는가.

우리도 존귀한 위를 구하기로 할진대, 무엇이나 나의 할 일만 하여 이 세상에 위 받을 만한 증거와 표적만 나타내고 보면 저 여러 사람이 그것을 보아 우리에게 위를 줄 것이다. 우리의 할 일은 하여 놓지도 않고 위 먼저 구한다는 것은 만석의 노적을 쌓아놓지도 않고 만석의 부자 이름만 구하는 사람이나 무엇이 다르랴.

그러나 무슨 사업을 물론 하고 처음 일어내는 사람들은 자기 당대에는 위를 받기가 어려울 것이니, 그것은 아직 창립한 시일이 천단하여 인류 사회에 어떠한 이익을 끼쳐준 일이 적고, 사업기관 역시 남 보기에 현수케 드러나서 모든 사람에게 위 받을만한 증거와 표적이 확실히 나타나기 어려운 연고이다. 더구나 우리는 국한 없고 계획이 장원한 도가의 사업인 만큼 우리 당대에는 남 보기에 존귀한 위를 받을만한 증거와 표적이 나타나기 어려울 것이요, 대도大道의 담담미를 철저히 이해하는 사람이 적을 것이니, 위라 하는 것은 조금도 생각지 말고 우리의 목적을 이루어 내기로만 힘을 쓰라. 그러면 이 뒷사람이 우리를 추대하고 우리를 세워줄 것이다. 그리고 이와 같이 하여야만 우리의 법맥이 계승할 것이요, 시비 없이 이 세상에 활동하리라." 하시더라.

서대원 수필, 《회보》 6호, 시창14년 11월 20일

16. 영산靈山지부에서

이공주 수필의 '대종사 법설'에 등재된 법문으로, 법문 시기는 원기17년(1932) 10월 6일이다. 『대종경』 전망품 24, 25장과 연관된 법문이다.

시창17년(1932) 10월 6일, 영산지부에서 예회를 마친 후 남녀 6, 7인이 종사주를 모시고 들로 나가 9인 선배의 피땀으로 뭉쳐진 대소大小 언답을 구경하는 한편, 개간 당시의 눈물겨운 실어實語를 들으며 돌아오던 중 마침 정면으로 교당 집이 보이거늘, 때에 일행 중 박형헌 여쭙기를,

형헌: "교당 집은 지대가 너무 높아서 우뚝 솟아 보이니, 조금만 터를 깎아 내려지었으면 좋을 뻔하였습니다."

종宗: "과거 구식 사람들은 누구나 그렇게 깊은 곳에 의지하기를 좋아한다. 그러나 이 앞으로는[현대 개명인開明시] 집을 짓게 되면 대지를 일부러 훨씬 높여서 우뚝 솟게 짓고 살 것이요, 혹은 산 위에다 누각같이 짓고 사는 사람도 있을 것이다. 그리고 좀 더 지나면 산 속에 구멍을 파고 그 속에다가 좋은 석재와 목재로써 문화주택을 건설한 후 낮에는 태양광선, 밤에는 몇백 촉의 전기를 들이대어 주방이나 침실이나 응접실이나 보기 좋고 쓰기 좋게 꾸며 놓고 편리한 생활을 하게 될 것이다. 그뿐만 아니라 산 위에는 각종 각색의 나무와 화초를 심고, 기암괴석이며 연못을 파는 등 훌륭한 공원을 만들어 가지고 한가한 때

가 있으면 가족들과 더불어 올라가서 산보도 하고 가무회歌舞會도 열며 빈객을 초청하여 연회도 배설하는 등 참말로 취미적 생활을 하게 될 것이다.

그리고 인물로 말한다고 하더라도 이 앞으로 한 100년만 지나면 대각여래부[대각여래위] 자격의 법사가 많이 생겨날 것이요, 그러한 법사는 탐·진·치를 항복받았음에 동정動靜 간 물욕에 초연超然하여 언제나 그 행신行身이 청렴 고결할 것이다. 그래서 혹 어떠한 교당에서 한번 왕림해 주시라는 초청을 받으면 시자侍子가 모월某月 모일某日 비행기로 가신다고 전화나 전보로 답을 하여주면, 그 답을 받은 지방 교당에서는 만반으로 환영의 준비를 한 후 수백 대중이 환영기를 들고 비행장까지 나가서 만세로써 맞아 모시고 대령하였던 자동차로 들어가게 될 것이다. 그리고 그 법사가 설법을 한다 하면 수백 수천의 대중이 운집하여 법을 듣고 환희용약歡喜踊躍하는 자, 과거의 범죄를 참회하는 자, 그 감탄불이感歎不已하여 눈물 흘리는 자 등 별별 사람이 다 있을 것이요, 따라서 돌아갈 때에는 일생의 보감 될 말씀을 들었다 하여 유산자는 몇천 몇만 원의 폐백幣帛을 드릴 것이다. 법사는 그 폐백을 받아 그 교낭 책임자에게 주고 또 다른 교당으로 그와 같이 가게 될 것이니, 그러한 법사가 한번 지나간 교당에서는 건물을 증축한다, 수도나 전기를 가설한다, 혹은 살림살이를 장만하는 등 이전에 없던 발전을 보게 될 것이니라."

때에 이공주가 여쭈었다.

공주: "저희 생전에 그러한 세상이 돌아와서 어서 좀 보았으면 좋겠나이다. 그리고 그와 같이 청정 안락한 세상에도 죄인과 감옥이 있겠나이까?"

종宗: "인간이 살고 있는 세상에 죄인과 감옥이 전혀 없을 수는 없을 것이다. 그러나 현재와 같이 죄인을 잡아다가 감옥에 가두고 콩밥을 먹인다, 똥을 쳐준다, 간수가 끌고 다니며 일을 시킨다 등의 번폐煩弊[번거로운 폐단]한 일은 없을 것이니, 가령 어떠한 사람이 인륜에 벗어나는 중죄를 범하였다면 그 범인의 성명과 죄목을 신문에 발표하여 세상에 알리는 동시에 죄수복을 주워 입게 한 후 그 사람의 지식과 기술을 따라서 활동하여 벌어 먹고살게 할 것이다. 그러나 만기滿期 전에는 출타出他 자유는 주지 않고 그 근처 경관이 가끔 가서 동정이나 살피며, 때로는 대강당에 각처 죄인들을 모아놓고 도덕 높은 법사의 설법을 듣게 해서 자연히 양심을 회복 시켜 선인善人이 되게 하리니, 그런다면 유죄자有罪者에 있어서는 도처가 모두 감옥이요, 그의 동작은 사사事事가 복역服役이 될 것이니, 따로 감옥을 짓고 수많은 사람이 심부름하여 줄 필요가 어디 있으리오.

　그러므로 앞에 말한 그러한 세상이 돌아오면 죄인도 물론 적으려니와 그들 취급도 어느 정도까지는 구속을 주지 않고 감화를 주로 하리라." 하시더라.

이공주 수필, 대종사 법설1, 『원각성존 소태산 대종사 수필법문』, 295~6쪽

17. 방언공사의 착수

> 송도성 수필의 『대종사 약전』의 한 대목이다. 『불법연구회창건사』 제11장 방언역사와 회실 건축의 '시창 3년' 항과 관련된 소태산의 말씀이다.

　하루는 대종사께서 제인諸人[8인 단원]을 불러 물으시되,

　"내 장차 저 길룡리 전면의 해수 내왕지를 방언 작답하여 우리 조합의 기본 자산으로 삼고자 하나니, 이는 폐물 이용으로써 국가 사회의 생산 확충에 한 봉공이 될 뿐만 아니라 우리로서도 공도 사업의 개척자가 될 것이니, 제군의 의향은 어떠하느냐?" 하시었다. 일동은 여쭙기를, "심히 지당하온 말씀이로나 길룡리 전면의 간석지를 개척 작답하기로 하면 적어도 근 만 원의 공비가 요하온대 이제 겨우 칠팔백 원의 약소한 금전으로 어찌 가히 생의나 하오리까." 하고 난색을 보이는지라, 대종사 다시 가라사대, "세상만사가 모두 사람의 마음에 있는 것이니, 비록 금전이 없을지라도 마음만 있으면 되는 법인즉 제군도 마음에 꼭 하겠다는 작정만 세운 후에 나에게 '하겠습니다' 하는 단언만 올리라. 그리하면

반드시 될 것이다."라고 하셨다.

　9인은 본래 신심이 독실하던 터이라 여기에 이르러서는 조금도 사량 계교가 없이 이구동성으로 "오직 명령을 받들어 실행할 뿐이로소이다." 하고 대답하였다.

송도성, 『대종사 약전』

영산靈山 인거 법문

1. 자공자급自供自給은 출가인의 직분
2. 적지위대積之爲大
3. 동선 해제 시 훈사
4. 살림살이하는 방법
5. 팔산 김광선의 열반
6. 하선夏禪 결제 시 훈사
7. 선원禪院 1일 1면面

○ 짙은 글씨: 영산 인거 법문

1. 자공자급自供自給은 출가인의 직분

> 소태산 대종사 43세 시인 원기18년(癸酉·1933) 여름에 영산으로부터 봉래정사에 돌아오시어, 석두암에 있던 오창건·송도성과 문답한 법문으로, 영산의 방언이 등장한다.

계유癸酉(원기18년) 여름에 선생이 영산으로부터 봉래정사에 돌아오시니, 때에 오창건과 송도성이 정사[석두암]에 거居하다.

선생이 가라사대, "내가 영산에 다녀온 사이에 너희는 육신으로 근고勤苦[마음과 몸을 다하며 애씀]하여 의식衣食을 능히 자공自供[스스로 공급함]하였느냐? 여유가 있어서 저축이 되었느냐? 의식지계衣食之計가 되지 못하였느냐?" 하시거늘,

오창건이 대왈對曰 "저의 근고勤苦한 것과 먹고 쓴 것을 비교하여 보면 항상 부족하더이다. 의식지계衣食之計가 되지 못하더이다."

선생이 가라사대, "…중략… 만약 공부를 성취하여 도덕의 광명이 원근遠近에 비쳐서 세상의 보호가 있다면, 그때에는 육신으로 근고치 아니하고라도 능히 자신을 보호하며 세세생생 무루無漏[누수가 없는]한 복록을 지을 지나, 그러하기 전에는 공부하는 사람의 직분이 자작자급自作自給[스스로 지어서 스스로 공급]함이니, 조금도 남에게 의뢰하지 아니 하나니라. 만약 남에게 의뢰하였다가 남의 보호력이 없으면 나의 공부, 나의 사업을 그만둘 터인가?

나는 이번 영산에 가서 몸으로써 방언하는 데 종역從役하여 현금 100원을 장만한 바 30원은 식가食價 및 각 용비用費로 쓰고, 30원은 조합 중에 저축하고, 40원은 빈민을 구제하였으며 또 법으로써는 삼천대천세계三千大天世界를 향하여 교육인 바, 교수료로 수입금이 5,000여 원에 달한다." 하시더라.

송도성 수필, 대종사법설 수필집2, 『원각성존 소태산 대종사 수필법문』, 240쪽

2. 적지위대積之爲大

> 김대거 수필의 《회보》 제45호인 시창23년(1938) 6월호에 실린 정축丁丑 동선 [1937. 음11.6~1938. 음2.6] 중의 법문이다. 소태산 대종사는 법문예화로 어린 시절 서당에 같이 다녔던 친구의 광대소리 즐겼던 모습을 회상한다. 법문에 등장하는 숨은 명창은 법성포 엿장수 박재인이다. 이 법문은 「대종경」 수행품 11장에 정선된다.

　정축丁丑 동선 어느 날, 회화시간을 당하여 전음광의 차례가 되매, 음광은 '공부인과 비공부인非工夫人의 다른 점'이란 문제로써 장시간 열변을 토하였다. 그 말에 "이 공부를 하지 않는 사람들도 어떠한 경우에 이르고 보면 또한 다 우리의 삼강령三綱領을 이용하게 되나니, 그것은 즉 누구나 어려운 일을 당하면 반드시 정신을 수습하여 일심을 구하며 또는 그 아는 지혜를 구하며 또는 그 실행을 구하여 백방으로 노력을 하나니, 그때 그들의 열심熱心 상태야말로 우리 공부인에 조금도 지지 않을 것입니다. 그러나 그들의 삼강령은 그때 그 일에만 한하였을 뿐으로 그때 그 일만 지나가면 그만 방심이요, 무관심이기 때문에 평생을 지내어도 공부상 척촌尺寸[얼마 되지 않는]의 진보가 없을 것은 물론이며, 모든 일에 임사낭패臨事狼貝[일이 실패로 돌아감]를 면키 어려울 것은 사실입니다. 그러나 우리 공부인은 그와 달라서 때의 동정動靜과 일의 유무有無를 헤아릴 것 없이 언제든지 쉬지 않는 삼강령[정신수양·사리연구·작업취사의 삼학]의 공부법이 있으므로 이대로만 오래 계속한다면 반드시 수양·연구·취사의 삼대력을 얻어서 출중초범出衆超凡한 대 인격을 완성하리라고 생각합니다."라고 하였다.

　때마침 종사주께옵서 이 말을 들으시고 가라사대,

　"음광의 말이 매우 의지意旨가 있으며, 이미 공부의 길을 잡은 사람에게는 많은 도움이 될 듯하나 일반적으로 알기가 좀 어려울 듯하므로, 내 이제 일언一言[한 마디 말]으로써 더하리라. …중략… 이와 같이 무엇이나 하는 그때에는 오히려 심상尋常하고[대수롭지 않고], 적은 일 같지마는 그 하는 것을 쉬지 않고 쌓고 또 쌓은 그 결과는 심히 위대하나니, 시시처처 時時處處[그때 그 곳]에 삼강령의 공부심이 있이 지내는 사람과 없이 지내는 사람의 장래가 그 어떠할 것은 오인吾人[우리]의 상식으로도 가히 판단할 일이 아닌가? 1시간의 좌선을 더 하고 덜함이 무슨 큰 차이가 있으며, 한 가지 일의 잘하고 잘못함이 얼마나 큰 관계가 있으랴 하지마는 돌이켜 생각해 보건대, 그 1시간이라는 시간이 쌓이고 쌓여서 사람의 일평생이 되는 것이요, 한 가지 잘하고 잘못함이 쌓이고 쌓여서 인품의 선악·고하를 나타내게 되나니, 어찌 짧은 시간이라 하여 그를 등한히 하며 작은 행실이라 하여 그를 소홀히 할 바이랴.

이에 대하여 또 나의 지내온 실험담 하나를 이야기해 주리라. 내가 8, 9세의 어렸을 때 한문 사숙에 다녔었는데, 그때 같이 글공부하던 '박朴'이라는 아이가 있었다. 이 아이는 매일 글공부에는 뜻이 적고 항상 광대소리하기를 즐겨하여 책을 펴놓고도 그 소리, 길을 가면서도 그 소리, 언제든지 그 소리가 구부절성口不絶聲[입에서 소리가 끊어지지 않음]이었다. 그런 후 나와는 서로 방향이 달라져서 수십 년간 상봉치 못하다가, 연전年前 내가 영광에 갔을 때 우연히 도중에서 만나게 되니, 머리에는 백발이 성성하고 얼굴에는 무수한 주름살이 잡혀서 아주 몰라볼 정도로 늙었으나, 아직도 그 광대소리를 놓지 못하고 엿 목판을 메고 가면서 한 곡조를 하는데, 과연 숨은 명창이 분명하더라.

나는 또 어렸을 때부터 우연히 진리 방면에 취미를 가지기 시작하여 독서에는 별로 정성이 적고 밤낮으로 생각하는 바가 현묘한 그 이치였다. 인간의 생로병사를 볼 때라든지, 자연계의 모든 현상을 접촉할 때에 그 하나도 의심나지 않음이 없었고 의심이 나면 모두 다 알고 싶어서 이로 인하여 침식을 구망俱忘[다 잊음]하고 명상瞑想에 잠긴 적이 한두 번이 아니었으며, 그로부터 계속되는 정성이 조금도 쉬지 않는 결과에 드디어 금일까지 진리 생활을 하게 되었으니, 이것을 두고 볼지라도 사람의 일생에 있어 제일 첫째, 그 방향의 선택이 중대한 것이며, 이미 방향을 정하여 옳은 데에 입각한 이상에는 사심邪心 없이 그 목적하는 바에 노력을 계속함이 만사 성공의 기초라." 하시더라.

김대거 수필, 《회보》 45호, 시창23년 6월

3. 동선 해제 시 훈사

> 이공주 수필로 《회보》 제43호인 원기23년(1938) 4월에 실린 정축丁丑 동선인 제25회 동선해제 법문이다. 이 내용은 『대종경』 수행품 61장에 일부가 약술되며, 법문 말미에 영산에서 있었던 실화를 예화로 제시하고 있다.

익산 강당에서 제25회 동선해제식을 거행할 새, 종사주宗師主 법좌에 오르시사 일반 선객禪客에게 말씀하여 가라사대,

"…(전략)… 과거 제불제성諸佛諸聖도 그 모든 사람을 교화 지도할 때에 첫째, 사리 간事理間 알리는 데에 노력하였고 실행은 그다음에 가르쳤나니, 혹 철없는 사람들은 가령 그 자녀를 이런 도학가道學家에 보내서 공부를 얼마간 시키다가 만일 무엇을 조금만 잘못하면 "도학 공부 하면서도 이 모양이냐"고 나무라고, 또는 무엇 아는 말을 하면 "말은 잘한다. 마치 말만 가르치나 보다"고 야단을 친다 하나, 그러면 실행도 못하는 자녀에게 말도 못하게 하는 수작이 아닌가? 만약 한두 선禪 나서 지행知行이 넉넉지 못하다고 야단치는 부모가 있다면 그런 부모는 진리를 모르는 사람이며 요량 없는 사람이라 아니할 수 없나니, 내 그런 일에 대하여 실화 하나를 소개하겠노라.

지금으로부터 한 10년 전 영광지부에서는 어느 야회에 회원이 근 100명 모였다가 갈리었는데, 그때에 고무신 한 켤레를 잃었다가 찾은 일이 있었다.

이 소문을 들은 동리 사람들은 "도적질 말라는 계문 지키는 사람들이 고무신은 왜 도적하였노", "그러기에 배워도 다 소용없어" 하는 등 나쁜 평판이 많이 있었다 한다.

그때 우리 교당에는 그 동리 서당에서 몽학蒙學 선생질[어린아이를 가르치는 훈장]하는 사람의 친족 되는 사람이 와서 간사로 있었던 바, 그 선생도 그 말을 들었던지? 어느 날 소매장군[똥장군]을 지고 밭으로 나가는 우리 간부지사를 보고 묻되,

"너는 무엇 때문에 그 교당에 입회하였느냐?"라고 하였다.

간사는 대답하되 "나는 빈촌 무식한 가정에 태어나서, 사람이면서도 사람 노릇을 하는 법을 모르니까 그 법을 배워 보려고 입회하였지오."

선생: "그 교당에서 공부하는 사람들이 고무신을 집어갔다 하니, 그러면 너도 도적질을 배우지 않겠느냐?" 한다.

이 말을 들은 간사는 그만 소매장군을 내려놓고 정색을 하며 말하되

"아저씨를 나는 지식 있는 양반으로 알았더니, 이제 말씀하는 것을 들으니까 불학무식不學無識한[배우지 못하여 아는 것이 없는] 나만도 못하여 보이오. 대관절 아저씨는 글을 무엇까지나 배우셨소?" 하고 물었다.

선생은 하도 우스우나 그의 하는 양을 보려고,

선생: "사서삼경을 다 읽었다."

간사: "시일은 얼마나 걸렸나요?"

선생: "10여 년 걸렸다"

간사: "그러면 서당에는 1년 배운 사람이나 5년 배운 사람이나 10년 배운 사람이나 그 아는 것은 똑같은가요."

선생: "그럴 리가 있느냐. 같은 서당 내에도 1년 다닌 사람은 겨우 천자千字권이나 읽게 되고, 사서四書나 삼경三經을 다 읽기로 말하면 상당한 햇수와 노력이 들어야 되는 것이다."

간사: "그렇니까. 우리 교당에도 그와 같소. 물론 그 사람의 지우청탁智愚淸濁과 근성勤誠[부지런함과 성실함] 유무에도 있지마는, 또는 배운 시일에 따라서 각각 다르외다. 그날 야

회에는 10년 전부터 공부한 이도 있었고 4, 5년된 이도 있었으며 요사이 입회한 이도 있었으니, 요사이 입회한 이 중에 고무신 도적질하던 사람이 있었다면, 그 습관을 단번에 어떻게 고치겠습니까?"

선생: "그럼 그런 나쁜 남녀는 조사해서 내쫓는 것이 옳지야."

간사: "우리 교당에서는 그런 나쁜 사람이면 더욱 붙잡고 가르치오. 얌전한 사람이야 안 가르쳐도 별일 없지마는, 행실이 나쁜 자는 세상에 나가면 여러 사람에게 해독을 끼치게 되므로 그 나쁜 습관이 빠질 때까지 가르칩니다. 만일 아저씨 말씀처럼 방금 입회시키면서 못된 습관을 다 떼라 하는 것은 마치 서당에 처음 입학한 천 자짜리 보고 편지 못쓴다고 야단하는 거와 같으며 사서삼경 못 읽는다고 퇴학시키라는 말과 조금도 다름이 없다고 생각되오." 하였다.

그래 수염 긴 몽학 선생이 무식한 간사에게 이와 같이 당한 일이 있었다.

과연 이 세상 사람을 보면 대개가 그러하나니, 자기는 행치 못하면서 남의 행치 못함은 흉보고 욕하며, 자기의 잘못은 용서하면서도 남의 잘못은 시비가 분분하나니, 그 어찌 한심한바 아니랴?

이로써 이 해제식을 기념하기 위하여 종이와 붓이 없이 쓴 경전 한 권씩을 각각 주나니, 잘 간수하였다가 곳에 맞게 이용하기 바라는 바이다."

이공주 수필,《회보》43호, 시창23년 4월

4. 살림살이하는 방법

> 이공주 수필의 원기20년 8,9월호인 《회보》 제19호에 실린 법문이다. 「대종경」 인도품 41장과 연관된 법문이다. 법문의 예화로 영산에서의 저축조합과 방언 공사의 과정이 이야기되고 있으며 영광 한 사람의 치산하는 것을 실례로 들고 있다.

한때에 익산교당에서 종사님 법좌에 출석하시사 대중을 향하여 말씀하여 가라사대,

"내 오늘은 제군에게 살림살이 잘할 방법을 말하여 주려 하나니, 잘 듣고 가서 그대로 실행하여 보라. 그런다면 반드시 살림살이가 늘어서 자연히 부요富饒[부유하고 풍요]한 생활을 하게 될 것이요, 본래부터 어렵지 않던 사람들은 전답田畓도 사게 될 것이며, 가산家産 집물什物도 장만하게 될 것이니, 우선 나의 과거 경험담을 참고로 들어볼지어다.

나도 어려서 이후 25세까지는 아무 철도 나지 아니하였고, 따라서 어떠한 말을 듣는다고 하더라도 그 말이 나에게 이利가 될 말인지 해害가 될 말인지 그러한 구별도 할 줄 모르고 건성 생활을 하였던 것은 사실이다. 그러면 소위 한 가정의 호주戶主로 있는 사람이 그와 같이 아무 생각과 소견도 없었으니, 그 집안 살림살이가 오죽하였으며 그에게 딸린 처자의 고생인들 그 오죽하였겠는가? 그때에 생활 상태로 말하면 내 이제 새로이 말하지 않아도 아는 사람은 잘 알리라고 생각하노라. 그리하다가 26세 되던 해에야 비로소 어떠한 지각知覺을 얻게 되었고 따라서 집안 살림살이에 대해 생각도 하여 보았던 바, '오! 우리 살림도 이리 이리하면 되겠구나' 하는 예산이 생겨나며 새 정신이 돌아온 것 같으므로 즉시 집안 살림살이를 살피어 본즉 내 소유의 집도 한 채가 있고 기구 집물 등도 약간 있었다. 그래서 나는 집과 시초 갓과 뒤주 등 가히 값나갈 만한 것은 주워 모아 방매放賣하였더니, 합계가 한 500여 냥이나 되므로 그중에서 100냥은 떼어 조그마한 집 하나 사서 들고, 생활 방침은 농촌인 만큼 농사를 원업原業으로 정한 후 약간의 밑천을 내어놓고 보니, 실實 400냥이 남았었다. 나는 그와 같이 가사를 대강 정돈한 후에 그 남은 400냥은 전혀 없는 폭을 잡기로 결정하고 부업의 자본금으로 삼아 가지고 여러 가지로 운전하여 보았던바 요행히 큰 실수는 없었고 또는 아무리 곤란한 일이 있더라도 결단코 그 돈만큼은 쓰지 않고 식리殖利[재물을 불리어 이익을 늘림] 하기에만 노력하였더니, 불과 몇해 동안에 4,000여 원이라는 거액이 되었다. 그래서 나는 그 돈을 가지고 간사지干潟地 개척 공사를 착수하였나니, 현재 영광의 언답이 그것인바 오늘날에서는 수백 두락

의 문전옥답이 되었고 매년 200여 석의 수확을 보게 된 것이다.

이것을 미루어 볼진댄 한 가정의 흥패도 운수에만 있는 것이 아니라, 그 주장되는 사람의 역량과 지견 여하에 달렸다고 하여도 과언은 아니니, 제군도 이런 말을 잘 참조하여 우선 각자의 살림을 먼저 개혁할 필요가 있다고 생각하노라. 오늘이라도 집에 돌아가 보아서 가령 2원짜리 철 주전자가 있다면 그것을 팔아서 50전짜리 양철 주전자를 사서 대용하고 그 1원 50전은 저금할 것이요, 그 외에도 기구나 의복이나 무엇이든지 값비싼 것이 있거든 팔아서 값 덜한 것을 사서 쓰고 그 남은 돈은 저금하든지 혹은 부업의 자본금으로 삼아 가지고 부지런히 활동하여 볼 일이다. 그런다면 적은 밑천을 가지고도 큰돈을 만들 수가 있나니, 처음에 닭을 키웠다면 돼지도 될 수가 있고, 돼지는 또 소도 될 수가 있으며, 소는 또한 전답도 될 수가 있고, 전답 1두락이 10두락, 10두락이 100두락 이와 같은 비례로 늘어갈 수도 있는 것이다.

실례를 들어 말하면, 영광에 한 사람도 처음에 그 형에게서 초가 두 칸과 솥단지 박적 [바가지] 몇 개와 돼지 한 마리를 얻어 가지고 제금을 나와서 남의 논을 벌어먹으며 여가로는 그 돼지를 잘 키워서 새끼를 내어 가지고 신용 있는 사람들에게 주어서 늘리더니 불과 3,4년 내에 큰 소를 사게 되었고, 그 소 먹인지 3년 후에는 전답을 사기 시작하더니, 이제는 가위 부자가 되었다.

그러면 그 사람도 부자가 저절로 된 것이 아니라, 그만한 결심과 노력과 정성의 삼합三合이 맞았기 때문에 그만한 성공을 보았을 것이다. 만일 굳은 결심이 없다든지, 지극한 정성이 없다든지, 게으르다든지, 그 일에 능률이 없다든지 혹은 버는 대로 써버렸다든지 어떠한 결점이 한 가지나 있었다면 물론 그만한 성공은 보지 못하였을 것은 사실이다.

그러면 제군도 원업은 농업이거나 공업이거나 혹은 상업이거나 무엇이거나 부지런히 잘 벌어서 살고 그 여가로 부업도 하나 경영하여 보되, 처음에는 밑천 적게 들고 하기 쉽고, 설사 실패를 본다고 하더라도 큰 상처는 없을 만한 것을 택하여서 차차 확대할 계획을 가져야 할 것이다. 만약 일시적 큰 이익을 보고자 하여 아무 경험도 얻기 전에 양계·양토養兔 같은 것이라도 처음에 수백 마리를 사서 크게 벌인다든지 혹은 그런 일을 시작하여 놓고 주색잡기 등에 정신을 빼앗긴다든지 한다면 도리어 신망가패身亡家敗할 징조라고 할 수가 있으니, 제군도 그 점에 주의하고 아래의 몇 가지 조항만 이행한다면 반드시 살림살이는 늘리라고 자신하노라.

부업副業 경영자의 주의할 일.

1. 부업을 시작하려거든 잘 생각하여 능히 나의 힘으로 감당할만한 것을 택할 일.

2. 처음에 밑천은 절대로 많이 드리지 말고 이소성대以小成大와 진합태산塵合泰山의 정신을 가질 일.

3. 전답이나 가옥을 잡히거나 팔아서 부업의 밑천은 단정코 삼지 말고 패물이나 혹은 절약한 돈을 이용할 일.

4. 한번 부업의 밑천으로 작정하였거든 목적한 액수와 지정한 기한이 되기 전에는 결코 먹도 말고, 쓰도 말고, 빚도 갚지 말며 아주 없는 폭을 잡을 일.

5. 돈이 수중에 들어 놓으면 지체 말고 저금을 하되, 돈놀이는 절대로 말고 100원 이상만 되거든 전답을 사둘 일.

6. 가권이 서로 화목하며 의논이 구수鳩首[여럿이 머리를 맞댐]하여 상충이 없도록 할 일.

7. 되도록은 서로 의견을 진술하여 진행 방침을 취할 것이니, 이와 같이 한다면 그 가정의 살림살이는 반드시 늘어서 부요富饒[부유 풍요]할 것이다.

그러면 여기에 전무출신專務出身하여 공사公事에 전력하는 사람들에 한하여는 사가私家를 불고하기로 서원하였으니 이런 말을 할 필요가 없거니와, 이 근방에서 신입한 재가 회원들로 말하면 도통道通보다도 먼저 각자의 집안 살림하는 법을 잘 알아서 정돈하여 놓고 그 다음은 공가公家의 살림살이를 위하여 활동하여 볼지어다." 하시더라.

이공주 수필,《회보》19호, 시창20년 8, 9월

5. 팔산 김광선의 열반

원기23년(1938) 12월호인 《회보》 제50호 '영광지부 근황'을 보면 소태산 대종사, 11월 19일 이동진화와 김형오를 대동하고 영광에 행차하였다가 12월 4일 유허일·이동진화·김형오와 함께 익산총부로 환관한다. 이 기간에 조송광도 팔산 김광선 위문 차 내방한다. 이 당시 팔산 김광선은 "환후로써 몇 달을 우려 중이었으나 양의를 만나 의외의 효과를 얻었다"는 근황이 기록되어 있다. 유허일도 이미 팔산의 문병차 영광에 와 있었다.

결국 소태산 대종사는 원기23년(1938) 11월 19일에서 12월 4일 동안 의형인 팔산 김광선의 문병을 다녀온 것이다. 이후 1달여 뒤인 원기24년(1939) 1월 3일 팔산은 열반에 든다.

문병 후에 차도가 있는 듯하였다가 한 달여 만에 열반에 든 의형 김광선에 대한 소태산의 애틋한 마음을 읽을 수 있는 상황이다.

이때의 상황이 《회보》 제25호 2월호 '익산총부 각지 상황'에 실려 있고, 소태산 대종사의 법문이 『대종경』 천도품 28장에 기재되어 있다.

팔산 김광선 선생께서 이래 병환으로 영광지부에 요양 중에 재在하시다 하심은 이미 전자 누차 본란에 보도한 바이거니와 그 후 병세가 소감소증小減小增으로 변화 무상無常하옵더니, 마침내 지난(1939년) 1월 3일 오전 3시에 돌연 입적하신바, 비보悲報[슬픈 소식]가 각지의 교당으로 전하게 되자 일반 회원의 애도哀悼[죽음을 슬퍼함] 통석痛惜[애석하고 아쉽다]하옴은 실로 말할 수 없었으며, 익산총부에서 부전訃傳을 접한 때는 마침 선원 상학上學[오전] 시간이라. 종사주 선방에 출석하옵시와 성루聖淚[눈물] 구하俱下[흘리다]하시는 음성으로 "오늘 공부는 중지하시오. 영광서 팔산이 열반했다는 전보가 왔소." 하심에 일반 대중은 경악함을 마지않았으며, 임시로 대각전에 가서 망배식을 거행할새 종사주의 애

통하심은 말할 것도 없사옵고 일반 대중이 모두 부모의 상을 만남과 같이 비호悲號[슬피 울부짖음] 통곡하였다.   익산총부 각지 상황.《회보》제52호 2월호

    김광선이 열반하매 대종사 눈물을 흘리시며, 대중에게 말씀하시기를 "팔산八山으로 말하면 이십여 년 동안 고락을 같이 하는 가운데 말할 수 없는 정이 들었는지라 법신은 비록 생·멸·성·쇠가 없다 하나, 색신은 이제 또 다시 그 얼굴로 대하지 못하게 되었으니 그 어찌 섭섭하지 아니하리오. 내 이제 팔산의 영을 위하여 생사 거래와 업보 멸도滅度에 대한 법을 설하리니 그대들은 팔산을 위로하는 마음으로 이 법을 더욱 잘 들으라. 그대들이 이 말을 듣고 깨달음이 있다면 그대들에게 이익이 있을 뿐 아니라 팔산에게도 또한 이익이 되리라. 과거 부처님 말씀에 생멸 거래가 없는 큰 도를 얻어 수행하면 다생의 업보가 멸도 된다 하셨나니, 그 업보를 멸도 시키는 방법은 이러 하나니라. 누가 나에게 고통과 손해를 끼쳐 주는 일이 있거든 그 사람을 속 깊이 원망하거나 미워하지 말고 과거의 빚을 갚은 것으로 알아 안심하며 또한 그에 대항하지 말라. 이편에서 갚을 차례에 져 버리면 그 업보는 쉬어버리느니라. 또는 생사 거래와 고락이 구공한 자리를 알아서 마음이 그 자리에 그치게 하라. 거기에는 생사도 없고 업보도 없나니, 이 지경에 이르면 생사 업보가 완전히 멸도 되었다고 하리라."   『대종경』천도품 28장

6. 하선夏禪 결제 시 훈사

이공주 수필인 '대종사 법설'에 등재된 법문으로 원기23년 6월 6일 법문이다. 『대종경』 서품 9장과 관련된 법문으로, 법문 중 예화로 길룡리 간석지 대부허가에 대한 분쟁의 이모저모가 등장한다.

부호는 천정리 부호와 장산리 부호가 있다. 청정리 부호는 방언공사에 돈[400원]을

> 빌려주었고, 장산리 부호는 정관평 내의 2-4번지를 간척했던 사람이다.*[장산리에서도 2건의 대부허가를 받음]* 아마도 이들 중 누구와 관계되었을 것이다.

익산총부 대각전 내에서 제26회 하선 결제식을 거행할 새, 종사주 법좌에 오르시사 일반 선도에게 입선 중 주의할 일과 이행할 일 등 몇 가지를 대강 설명하옵신 후 계속하여 가라사대,

"…중략… 그러면 누가 들어서 그와 같은 고를 주었다, 낙을 주었다 하는지? 그리고 인과因果에 대해서도 우리가 선악 간에 지으면 짓는 대로 받게 되나니, **이에 그 실례를 든다면** 본회 초창 당시, 영광에서 8, 9인을 데리고 방언공사를 할 때에 우리는 죽을힘을 다 써서 해수지를 막는데, 그때에 어느 부호 한 사람은 시기심이 나서 호언장담하되 "너희는 서서 언을 막으면 나는 앉아서 막아 보겠다." 하며 그 언답을 빼앗으려고 **별별 흉계**를 다 꾸민 후 1천여 원짜리 호마胡馬를 사서 타고 도청으로, 경찰서로 동분서주하며 적극적으로 운동 혹은 교섭하였다. 그래서 그 소문을 들은 근동 사람들은 우리를 향하여 조소하되 "저 세력 있는 사람이 운동을 하니까, 암만 애써도 쓸데없을 터인데 공연히 헛수고들만 한다."고 하였다. 이 말을 들은 우리 8, 9인은 곧 나한테 쫓아와서 기막힌 어조로 '이 분함을 어찌하오리까?' 하더라. 그래 나는 '오냐, 우리는 우리 할 일만 하자. 이전에 무용無用한 땅을 양전옥답良田沃畓을 만들어 놓는다면 설사 그 사람 세력에 밀려서 **뺏긴다고** 하더라도 그 공로자는 우리가 분명하고, 또 길룡리 산고랑에서 쌀밥 구경도 못하던 사람들이 농사를 지어 쌀밥을 먹게 될 것이며, 세금이 생겨나서 국고에도 유익할 것이니, 그만큼만 된다면 만족하지 아니한가? 우리는 본래부터 이 전답을 만들어서 개인의 사복私腹을 채우려는 것이 아니라, 공익의 기본금을 삼아서 천하에 도덕을 펴고 고해 중생을 낙원으로 제도하자는 것이 그 목적이니, 국가나 동민에나 이익만 끼치게 된다면 곧 우리의 목적은 달성하였거늘 이 외에 무슨 여한이 또 있으랴? 제군은 누가 무엇이

라고 하든지 관계하지 말고 오직 일만 충실히 하라"고 하였더니, 다행히도 그 사람들은 나의 말을 믿고 나태함이 없이 계속 노력하여 일을 마무리하게 되었던 것이다. 그런데, 그자는 의외에도 발병[흑두]이 나서 급사를 하고, 동일에 사랑하던 호마도 죽어버렸다 하며 그의 모사謀事이던 모某는 그 어떤 사건에 혐의를 받아 경찰서에 체포되고 공교히 그 날 우리에게는 언답 대부 허가장이 나오게 되었다.

그러면 그자는 제 욕심을 채우기 위하여 아무 이유 없이 우리를 음해陰害코자 하였기 때문에 그와 같은 불행의 최후를 마치게 되었고, 우리는 정당한 노력만 하였기 때문에 우리의 소원대로 된 것이다. 누구를 물론 하고 자기의 이익을 도모하기 위하여 남을 음해한 즉 당대에도 그와 같이 그 죄고를 받게 되려니와, 만일 여죄餘罪가 있다면 내세 내내세來來世 어느 때까지라도 받게 되나니, 그것이 곧 천의天意니라. 그뿐만 아니라, 공익사업을 한다고 돈을 적어 놓고 만일 중도에서 아까운 생각이 나서 그만둔다면 그 몇 배의 손해를 보게 되는 것이며, 그 외에도 남의 명예를 손상시키든지, 어떠한 음해를 한다면 조만간 그 몇 갑절의 손해가 돌아오리니, 이 어찌 두려워할 바 아니랴?

악인惡因을 지으면 악과惡果를 받게 되고, 선인善因을 지으면 선과善果를 받게 되는 것은 우주의 진리요, 움직일 수 없는 철칙이니, 악과惡果 돌아올 것을 겁내지 말고 선인善因 짓는 데 노력할지어다." 하시더라.

이공주 수필, 시창23년 6월 6일, 『원각성존 소태산 대종사 수필법문』, 10~11쪽

7. 선원禪院 1일 1면面

> 《월보》 제42호에 실린 법문으로, 법문 시기가 원기17년(1932) 11월 17일 오전 10시 반으로 명시되어 있다. 영산에서 감각 감상 되신 바를 익산 총부의 남선원에서 법설하신 내용이다. 『대종경』 수행품 7장에 약술되어 있다.

> 정관평 2-4번지는 영산 대각전 아래에 있는 토지로, 당시 백수면 장산리 거주하는 김원영金遠泳이 1927년 허가를 받아 1930년에 준공한 간척답干拓畓이다.

11월 17일 오전10시 반.

종사주宗師主 익산 남男선원에 출석하사 말씀하시되,

"내가 영광에 있을 때 본즉 어떠한 이해理解 없는 회원 하나는 우리의 예회 날임에도 불구하고, 밥 두 그릇과 돈 15전을 벌기 위하여 바로 지부 그 집에 와서 다른 사람의 공부하는 것은 들은 체 만 체하고 일에만 전력하고 있더라. 이로 보면 사람은 우스운 물건이며, 공부는 성취하기 어려운 것임을 알았노라." 하시니,

문정규 즉석에서 "그에 대하여 제가 한 말씀 올리겠습니다. 그 사람이 돈에만 욕심내고 공부에 등한한 것은 실로 잘못하는 일이 오나, 만일 사실로 그날 하루 먹을 것이 없어서 부모처자가 이 추운 겨울에 주리고 떨게 되면 어찌하오리까? 그때에도 공부에만 전력하여 예회를 보는 것이 가하겠습니까? 또 예회는 뒤에도 볼 수 있는 것이니, 설사 그날 하루는 빠진다고 하여도 벌어서 부모처자로 하여금 기한을 면케 하는 것이 옳습니까?" 하니,

종사주 들으시고 웃으시며, "제군 중에 누구든지 정규 말에 대답하여 보라." 하시니,

이공주 고왈, "우리의 목적한바 공부는 영원한 사업이며 더욱이 하루의 고통은 능히 견딜 수 있는 것이니, 하루의 고통을 잊기 위하여 밥 두 그릇과 돈 15전에 끌리어 영원한 공부를 놓아버리는 것은 목적상으로나 이해利害상으로나 타당타 할 수 없는 일이요, 또는 법보다도 돈 15전을 더 존중히 아는 것이 아니겠습니까? 고로 제 생각에는 참으로 법을 존중히 하는 사람이라면 하루는 말고 이틀을 굶는다고 하더라도, 15전은 말고 몇십 원이 생긴다고 하더라도 예회는 꼭 참례하여야만 될 줄 압니다."

종사주, 정규를 향하사 공주 말의 가부可否[옳고 그름]를 물으시니,

정규 감탄한 어조로 창안蒼顔[늙어서 여윈 얼굴]에 백발을 휘날리며,

"참으로 그 말이 옳습니다." 하고 공주에게 절을 하였다.

그리고 "참, 제 생각과 같습니다." 한즉, 종사주 또 웃으시며 가라사대,

"정규가 공주의 말을 듣고 절을 하며 '옳다' 하는 것을 본즉, 참으로 법을 존중히 아는 거동이 나타난다." 하시고, "내가 또 말하여 줄 것이니, 들어 보라." 하신 후 가라사대,

"근본적으로 이 일의 본체를 들어서 말한다면 우리의 예회가 날마다 있는 바가 아니요, 10일 만에 1차씩 당하는 날이니, 만일 공부의 참 발원이 있고 법의 가치를 존중히 아는 자라면 그 열흘 동안에 무엇을 하여서라도 예회 날 하루 먹을 것은 준비하여 둘 것이다. 그러하거늘 그 열흘 동안에는 아무 준비 없이 놀다가 예회 날을 딱 당하여서 먹을 것을 찾는 것은 벌써 공부에 등한하고 법에 무성의한 표징表徵[겉으로 드러난 징표]이 드러나지 않았는가?

고로 이러한 폐단을 방지하기 위하여 '공부인이 교무부에 와서 하는 책임' 제5조에 미리 말하여 둔 것이다. 이로 보면 정규의 묻는 말의 본의가 근본적으로 문제 될 것이 없나니 길게 언론 할 필요가 없거니와, 다시 말하면 그 사람이 죽도록 열흘 동안 노력은 하였으나 그날을 당하여 먹을 것이 없다 하더라도, 그 사람의 마음 가운데 일호一毫[조금]의 사심私心이 없이 공부에만 전력할 생각이 있으면 자연 먹을 것이 생기지 않는 이치가 없나니, 그것은 예를 들면 저 철모르는 어린아이가 그 어머니의 배 밖에만 나오고 보면 우연히 안 나던 젖이 철철 쏟아져서 그 천록을 먹고 장양 되는 것과 같나니라." 하시더라.

《월보》 42호, 시창17년 11월

영산성지와 『대종경』, 『대종경선외록』, 『정산종사법어』

『대종경』

서품 1장~15장, 교의품 34장·35장,

수행품 7장·11장·47장, 인도품 15장·49장·54장

인과품 29장·30장·31장, 성리품 1장, 천도품 25장,

실시품 7장·13장, 전망품 2장

『대종경선외록』

구도고행장 1절·2절·4절·5절

초도이적장 2절·3절·4절·5절·6절·7절

사제제우장 1절~13절

인연과보장 1절

도운개벽장 1절

은족법족장 3절

자초지종장 1절·2절·3절

교단수난장 1절

『정산종사법어』

기연편 1장·2장·3장·6장

1. 『대종경 大宗經』

서품 1장

원기 원년 4월 28일에 대종사大宗師 대각大覺을 이루시고 말씀하시기를 "만유가 한 체성이며 만법이 한 근원이로다. 이 가운데 생멸 없는 도道와 인과 보응되는 이치가 서로 바탕하여 한 두렷한 기틀을 지었도다."

> 소태산 대종사의 대각 일성은 노루목 대각터에 울린 공시적 역사이면서 소태산의 일생을 관통하는 통시적 사건이다.

서품 2장

대종사, 대각을 이루신 후 모든 종교의 경전을 두루 열람하시다가 『금강경金剛經』을 보시고 말씀하시기를 "석가모니불釋迦牟尼佛은 진실로 성인들 중의 성인이라." 하시고, 또 말씀하시기를 "내가 스승의 지도 없이 도를 얻었으나 발심한 동기로부터 도 얻은 경로를 돌아본다면 과거 부처님의 행적과 말씀에 부합되는바 많으므로 나의 연원淵源을 부처님에게 정하노라." 하시고, "장차 회상會上을 열 때도 불법을 주체로 삼아 완전무결한 큰 회상을 이 세상에 건설하리라." 하시니라.

> 소태산 대종사가 구해보신 금강경은 불갑사 수도암본 음역 금강경일 것이다.

서품 3장

대종사 말씀하시기를 "불법은 천하의 큰 도라 참된 성품의 원리를 밝히고 생사의 큰일을 해결하며 인과의 이치를 드러내고 수행의 길을 갖추어서 능히 모든 교법에 뛰어난바 있느니라."

| 소태산의 불법은 역사적인 불법이 아니라 깨달음의 법이요 깨어있는 공부법이다.

서품 4장
대종사, 당시의 시국을 살펴보시사 그 지도 강령을 표어로써 정하시기를 "물질이 개벽開闢 되니 정신을 개벽하자." 하시니라.

| 소태산 대종사의 대각은 일원상의 진리를 밝힌 것이며 또한 정신개벽의 대각이다. 결국 "물질이 개벽되니 정신을 개벽하자"는 표어는 대원정각大圓正覺의 새로운 시대를 맞이하는 문명적 차원의 표현이다.

서품 5장
대종사, 처음 교화를 시작하신 지 몇 달 만에 믿고 따르는 사람이 40여 명에 이르는지라, 그 가운데 특히 진실하고 신심 굳은 아홉 사람을 먼저 고르시사 회상 창립의 표준 제자로 내정하시고, 말씀하시기를 "사람은 만물의 주인이요 만물은 사람의 사용할 바이며, 인도는 인의가 주체요 권모술수는 그 끝이니, 사람의 정신이 능히 만물을 지배하고 인의의 대도가 세상에 서게 되는 것은 이치의 당연함이거늘, 근래에 그 주체가 위位를 잃고 권모술수가 세상에 횡행하여 대도가 크게 어지러운지라, 우리가 이때 먼저 마음을 모으고 뜻을 합하여 나날이 쇠퇴하여 가는 세도인심世道人心을 바로잡아야 할 것이니, 그대들은 이 뜻을 잘 알아서 영원한 세상에 대회상 창립의 주인들이 돼라."

| 만물은 온갖 물질문명이다. 물질의 세력에 끌려가지 말고 정신의 세력을 확장하

> 여 물질의 세력을 선용하자는 기도문이다. 서품 4장 및 '개교의 동기'와 상통하는 말씀이다.

서품 6장

대종사, 앞으로 시방세계十方世界 모든 사람을 두루 교화할 십인 일단十人一團의 단 조직 방법을 제정하시고 말씀하시기를 "이 법은 오직 한 스승의 가르침으로 모든 사람을 고루 훈련할 빠른 방법이니, 몇억만의 많은 수라도 가히 지도할 수 있으나 그 공력은 항상 아홉 사람에게만 들이면 되는 간이한 조직이니라." 하시고, 앞서 고르신 9인 제자로 이 회상 최초의 단을 조직하신 후 "이 단은 곧 시방세계를 응하여 조직된 것이니 단장은 하늘을 응하고 중앙中央은 땅을 응하였으며 팔인 단원은 팔방을 응한 것이라. 펴서 말하면 이 단이 곧 시방을 대표하고 거두어 말하면 시방을 곧 한 몸에 합한 이치니라." 하시니, 단장에 대종사, 중앙에 송규宋奎, 단원에 이재철李載喆 이순순李旬旬 김기천金幾千 오창건吳昌建 박세철朴世喆 박동국朴東局 유건劉巾 김광선金光旋이러라.

> 십인 일단十人一團은 방위가 핵심이다. 단원이 되면 자기가 처한 방위의 책임자가 된다. 각 방위의 주인공이 되어 소태산의 교법에 따른 교화를 책임지는 것이다.

서품 7장

대종사, 회상 창립의 준비로 저축조합을 설시하시고, 단원들에게 말씀하시기를 "우리가 시작하는 이 사업은 보통 사람이 다 하는 바가 아니며, 보통 사람이 다 하지 못하는 바를 하기로 하면 반드시 특별한 인내와 특별한 노력이 있어야 할 것인바, 우리의 현재 생활이 모두 가난한 처지에 있는지라 모든 방면으로 특별한 절약과 근로가 아니면 사업의 토대를 세우기 어려운 터이니, 우리는 이 조합의 모든 조항을 지성으로 실행하여 이로써 후진에게 창립의 모범을 보여 주자." 하시고, 먼저 금주 금연과 보은미報恩米 저축과 공동 출역出役을 하게 하시니라.

| *저축조합은 10인 1단의 조합이요 활동이다.*

서품 8장

대종사, 길룡리吉龍里 간석지干潟地의 방언防堰 일을 시작하사 이를 감역하시며 제자들에게 말씀하시기를 "지금 9인은 본래 일을 하지 않던 사람들이로되 대회상 창립 시기에 나왔으므로 남다른 고생이 많으나 그 대신 재미도 또한 적지 아니하리라. 무슨 일이든지 남이 다 이루어 놓은 뒤에 수고 없이 지키기만 하는 것보다는 내가 고생을 하고 창립을 하여 남의 시조가 되는 것이 의미 깊은 일이니, 우리가 건설할 회상은 과거에도 보지 못하였고 미래에도 보기 어려운 큰 회상이라 그러한 회상을 건설하자면, 그 법을 제정할 때 도학과 과학이 병진하여 참 문명 세계가 열리게 하며, 동動과 정靜이 골라 맞아서 공부와 사업이 병진하게 하며, 모든 교법을 두루 통합하여 한 덩어리 한 집안을 만들어 서로 넘나들고 화하게 하여야 하므로, 모든 점에 결함이 없이하려 함에 자연 이렇게 일이 많도다."

| 소태산 조합장은 처음부터 회상창립에 목적을 두었고 8인 조합원에게 회상 창립의 시조가 되도록 인도한 것이다. 소태산은 회상 건설의 설계를 선포한다. "도학과 과학이 병진하여 참 문명 세계가 열리게 하며, 동動과 정靜이 골라 맞아서 공부와 사업이 병진 되게 하고, 모든 교법을 두루 통합하여 한 덩어리 한 집안을 만들어 서로 넘나들고 화하게 하겠다."는 포부와 경륜이다.

서품 9장

단원들이 방언 일을 진행할 때 이웃 마을의 부호 한 사람이 이를 보고 곧 분쟁을 일으키어 자기도 간석지 개척원을 관청에 제출하고 관계 당국에 자주 출입하여 장차 토지 소유권에 걱정되는 바가 적지 아니한지라 단원들이 그를 깊이 미워하거늘, 대종사 말씀하시기를 "공사 중에 이러한 분쟁이 생긴 것은 하늘이 우리의 정성을 시험하심인 듯하니 그대들은 조금도 이에 끌리지 말고 저 사람을 미워하고 원망하지도 말라. 사필귀정事必歸正이 이치의 당연함이거니와 혹 우리의 노력한 바가 저 사람의 소유로 된다 할지라도 우리는 양심에 부끄러울 바가 없으며, 우리의 본의가 항상 공중을 위하여 활동하기로 한 바인데 비록 처음 계획과 같이 널리 사용되지는 못하나 그 사람도 또한 중인 가운데 한 사람은 되는 것이며, 이 빈궁한 해변 주민들에게 상당한 논이 생기게 되었으니 또한 대중에게 이익을 주는 일도 되지 않는가. 이때에 그대들은 자타의 관념을 초월하고 오직 공중을 위하는 본의로만 부지런히 힘쓴다면 일은 자연 바른 대로 해결되리라."

> 이웃 마을의 부호는 천정리 부호와 장산리 부호 중 누구일 것이다. 소태산 조합장은 8인 조합원에게 길룡리 간척공사의 본의는 공중사업임을 천명한다. "자타의 관념을 초월하고 오직 공중을 위하는 본의로만 부지런히 힘쓴다면 일은 자연 바른 대로 해결되리라."가 핵심이다.

서품 10장

하루는 이춘풍李春風이 와서 뵈오니, 대종사 말씀하시기를 "저 사람들이 나를 찾아온 것은 도덕을 배우려 함이거늘, 나는 무슨 뜻으로 도덕은 가르치지 아니하고 이같이 먼저 언堰을 막으라 하였는지 그 뜻을 알겠는가?" 춘풍이 사뢰기를 "저 같은 소견으로 어찌 깊으신 뜻을 다 알겠습니까마는 저의 생각에는 두 가지 이유가 있는 듯하오니, 첫째는 이 언을 막아서 공부하는 비용을 준비하게 하심이요, 다음은 동심합력으로 나아가면 이루지 못할 일이 없다는 증거를 보이시기 위함인가 하나이다." 대종사 말씀하시기를 "그대의 말이 대개 옳으나 그 밖에도 나의 뜻을 더 들어 보라. 저 사람들이 원래에 공부를 목적하고 온 것이므로 먼저 굳은 신심이 있고 없음을 알아야 할 것이니, 수만 년 불고하던 간석지를 개척하여 논을 만들기로 하매 이웃 사람들의 조소를 받으며 겸하여 노동의 경험도 없는 사람들로서 충분히 믿기 어려운 이 일을 할 때 그것으로 참된 신심이 있고 없음을 알게 될 것이요, 이 한 일의 시始와 종終을 볼 때 앞으로 모든 사업을 성취할 힘이 있고 없는 것을 알 수 있을 것이요, 소비 절약과 근로 작업으로 자작자급하는 방법을 보아서 복록福祿이 어디서 오는지 그 근본을 알게 될 것이요, 그 괴로운 일을 할 때 솔성率性하는 법이 골라져서 스스로 괴로움을 이길 만한 힘을 얻을 수 있을 것이니, 이 모든 생각으로 이 일을 착수시켰노라."

> 소태산 대종사 모친상[원기8년 음력 7월 15일] 이후 구간도실을 돛드레미에 옮겨 준공한 음력 11월 사이에 이춘풍이 정관평을 바라보며 소태산 스승에게 방언 공사를 하신 뜻을 물었던 법문으로 여겨진다.

서품 11장

방언이 준공되니 단원들이 서로 말하기를 "처음 시작할 때는 평지에 태산을 쌓을 것같이 어려운 생각이 들더니, 이제 이만큼 되고 보니 방언은 오히려 쉬운 일이나 앞으로 도道 이룰 일은 얼마나 어려울꼬." 하는지라, 대종사 들으시고 말씀하시기를 "그대들이 지금은 도 이루는 법을 알지 못하므로 그러한 말을 하거니와, 알고 보면 밥 먹기보다 쉬운 것이니 그 넉넉하고 한가한 심경이 어찌 저 언 막기 같이 어려우리오. 그대들이 이 뜻이 미상하거든 잘 들어 두었다가 공부 길을 깨친 뒤에 다시 생각하여 보라."

소태산은 도道 이루는 법이 공부 길을 깨치는 것이라 하며, 공부 길에 들면 그 심경이 넉넉하고 한가하다고 밝혀주신다. 소태산 단장은 방언공사 뒤 9인 단원들로 하여금 산상기도인 법인기도를 통해 도를 수행하는 공부 길에 들도록 동기부여한 것이다.

서품 12장

길룡리 옥녀봉玉女峰 아래에 이 회상 최초의 교당을 건축할 때, 대종사 그 상량에 쓰시기를 '사원기일월梭圓機日月 직춘추법려織春秋法呂'라 하시고 또 그 아래에 쓰시기를 '송수만목여춘립松收萬木餘春立 계합천봉세우명溪合千峰細雨鳴'이라 하시니라.

구간도실은 최초의 교당이며 최초로 교당의 뜻을 단 곳이다.

서품 13장

대종사, 9인 단원에게 말씀하시기를 "지금 물질문명은 그 세력이 날로 융성하고 물질을 사용하는 사람의 정신은 날로 쇠약하여, 개인·가정·사회·국가가 모두 안정을 얻지 못하고 창생의 도탄이 장차 한이 없게 될지니, 세상을 구할 뜻을 가진 우리로서 어찌 이를 범연히 생각하고 있으리오. 옛 성현들도 창생을 위하여 지성으로 천지에 기도하여 천의天意를 감동시킨 일이 없지 않나니, 그대들도 이때를 당하여 전일한 마음과 지극한 정성으로 모든 사람의 정신이 물질에 끌리지 아니하고 물질을 사용하는 사람이 되어 주기를 천지에 기도하여 천의에 감동이 있게 하여 볼지어다. 그대들의 마음은 곧 하늘의 마음이라 마음이 한번 전일하여 조금도 사가 없게 되면 곧 천지와 더불어 그 덕을 합하여 모든 일이 다 그 마음을 따라 성공이 될 것이니, 그대들은 각자의 마음에 능히 천의를 감동시킬 요소가 있음을 알아야 할 것이며, 각자의 몸에 또한 창생을 제도할 책임이 있음을 항상 명심하라." 하시고, 일자와 방위를 지정하시어 일제히 기도를 계속하게 하시니라.

> 구간도실은 소태산 단장께서 '물질이 개벽되니 정신을 개벽시키자'는 서원에 따라 9인 단원에게 법인기도를 발원하여 기도 드리게 한 곳이다.

서품 14장
원기4년 8월 21일에 생사를 초월한 9인 단원의 지극한 정성이 드디어 백지 혈인白指血印의 이적으로 나타남을 보시고, 대종사 말씀하시기를 "그대들의 마음은 천지신명이 이미 감응하였고 음부 공사陰府公事가 이제 판결이 났으니 우리의 성공은 이로부터 비롯하였도다. 이제 그대들의 몸은 곧 시방세계에 바친 몸이니, 앞으로 모든 일을 진행할 때 비록 천신만고와 함지사지를 당할지라도 오직 오늘의 이 마음을 변하지 말라. 또한, 가정에 대한 애착과 오욕五欲의 경계를 당할 때도 오직 오늘 일만 생각한다면 거기에 끌리지 아니할 것인즉, 그 끌림 없는 순일한 생각으로 공부와 사업에 오로지 힘쓰라." 하시고, 법호法號와 법명法名을 주시며 말씀하시기를 "그대들의 전날 이름은 곧 세속의 이름이요 개인의 사사 이름이었던바 그 이름을 가진 사람은 이미 죽었고, 이제 세계 공명公名인 새 이름을 주어 다시 살리는 바이니 삼가 받들어 가져서 많은 창생을 제도하라."

> 구간도실은 사무여한의 마음이 어린 백지혈인의 현장이며 또한 법명을 받은 현장이다.

서품 15장
대종사 말씀하시기를 "이제는 우리가 배울 바도 부처님의 도덕이요 후진을 가르칠 바도 부처님의 도덕이니, 그대들은 먼저 이 불법의 대의를 연구해서 그 진리를 깨치는 데에 노력하라. 내가 진작 이 불법의 진리를 알았으나 그대들의 정도가 아직 그 진리 분석에 못 미치는 바가 있고, 또한 불교가 이 나라에서 수백 년 동안 천대를 받아 온 끝에 누구를 막론하고 불교의 명칭을 가진 데에는 존경하는 뜻이 적게 된 지라, 열리지 못한 인심에 시대의 존경을 받지 못할까 하여 짐짓 법의 사정 진위邪正眞僞를 물론하고 오직 인심의 정도를 따라 순서 없는 교화로 한갓 발심 신앙에만 주력하여 왔느니라. 그러나 이제 그 근본적 진리를 발견하고 참다운 공부를 성취하여 일체중생의 혜·복慧福 두 길을 인도하기로 하면 이 불법을 주체로 삼아야 할 것이며, 그뿐만 아니라 불교는 장차 세계적 주교가 될 것이니라. 하지만 미래의 불법은 재래와 같은 제도의 불법이 아니라 사·농·공·상을 여의지 아니하고 재가·출가를 막론하고 일반적으로 공부하는 불법이 될 것이며, 부처를 숭배하는 것도 한갓 국한된 불상에만 귀의하지 않고 우주 만물 허공 법계를 다 부처로 알게 되므로 일과 공부가 따로 있지 아니하고 세상일을 잘하면 그것이 곧 불법 공부를 잘하는 사람이요 불법 공부를 잘하면 세상일을 잘하는 사람이 될 것이며, 불공하는 법도 불공할 처소와 부처가 따로 있는 것이 아니라 불공하는 이의 일과 원을 따라 그 불공하는 처소와 부처가 있게 되나니, 이리된다면 법당과 부처가 없는 곳이 없게 되며 부처의 은혜가 화피초목化被草木 뇌급만방賴及萬方하여 상상하지 못할 이상의 불국토가 되리라. 그대들이여! 시대가 비록 천만 번 순환하나 이 같은 기회 만나기가 어렵거늘 그대들은 다행히 만났으며, 허다한 사람 중에 아는 사람이 드물거늘 그대들은 다행히 이 기회를 알아서 처음 회상의 창립주가 되었나니, 그대들은 오늘에 있어서 아직 증명하지 못할 나의 말일지라도 허무하다고 생각하지 말고 모든 지도에 의하여 차차 지내가면 머지않은 장래에 가히 그 실지를 보게 되리라."

> **구간도실은 법인기도의 해제 처이며 미래의 불법을 선포한 곳이다. 미래의 불법은 소태산 대종사의 대각에 의한 처처불상 사사불공, 무시선 무처선, 동정일여 영육쌍전, 불법시생활 생활시불법의 표어를 실현해 가는 정신개벽의 마음공부법이다.**

교의품 34장

대종사, 영산에서 선원 대중에게 말씀하시기를 "지금 세상은 전에 없던 문명한 시대가 되었다 하나, 우리는 한갓 밖으로 찬란하고 편리한 물질문명에만 도취할 것이 아니라, 마땅히 그에 따르는 결함과 장래에 미칠 영향을 잘 생각해 보아야 할 것이니, 지금 세상은 밖으로 문명의 도수가 한층 나아갈수록 안으로 병맥病脈의 근원이 깊어져서, 이것을 이대로 놓아두다가는 장차 구하지 못할 위경에 빠지게 될 것이라, 세도世道에 관심을 가진 사람들로 하여금 깊은 근심을 놓지 못하게 하는 바이니라. 그러면 지금 세상은 어떠한 병이 들었는가. 첫째는 돈의 병이니, 인생의 온갖 향락과 욕망을 달성함에는 돈이 먼저 필요하다는 것을 알게 된 사람들은 의리나 염치보다 오직 돈이 중하게 되어 이로 인하여 모든 윤기倫氣가 쇠해지고 정의情誼가 상하는 현상이라 이것이 곧 큰 병이며, 둘째는 원망의 병이니, 개인·가정·사회·국가가 서로 자기의 잘못은 알지 못하고 저편의 잘못만 살피며 남에게 은혜 입은 것은 알지 못하고 나의 은혜 입힌 것만을 생각하여 서로서로 미워하고 원망함으로써 크고 작은 싸움이 그칠 날이 없나니 이것이 곧 큰 병이며, 셋째는 의뢰의 병이니, 이 병은 수백 년 문약文弱의 폐를 입어 이 나라 사람에게 더욱더 심한바 부유한 집안 자녀들은 하는 일 없이 놀고먹으려 하며 자기의 친척이나 벗 가운데라도 혹 넉넉하게 사는 사람이 있으면 거기에 의세하려 하여 한 사람이 벌면 열 사람이 먹으려 하는 현상이라 이것이 곧 큰 병이며, 넷째는 배울 줄 모르는 병이니, 사람의 인격이 그 대부분은 배우는 것으로 이루어지는지라 마치 벌이 꿀을 모으는 것과 같이 어느 방면 어느 계급의 사람에게라도 나에게 필요한 지식이 있다면 반드시 몸을 굽혀 그것을 배워야 할 것이거늘 세상 사람 중에는 제각기 되지 못한 아만심에 사로잡혀 그 배울 기회를 놓치고 마는 수가 허다하나니 이것이 곧 큰 병이며, 다섯째는 가르칠 줄 모르는 병이니, 아무리 지식이 많은 사람이라도 그 지식을 사물에 활용할 줄 모르거나 그것을 펴서 후진에게 가르칠 줄을 모른다면 그것은 알지 못함과 다름이 없는 것이거늘 세상 사람 중에는 혹 좀 아는 것이 있으면 그것으로 자만自慢하고 자긍自矜하여 모르는 사람과는 상대도 아니 하려는 수가 허다하나니 이것이 곧 큰 병이며, 여섯째는 공익심이 없는 병이니, 과거 수천 년 동안 내려온 개인주의가 은산 철벽같이 굳어져서 남을 위하여 일하려는 사람은 근본적으로 드물 뿐 아니라 일시적 어떠한 명예에 끌려서 공중 일을 표방하고 무엇을 하다가도 다시 사심의 발동으로 그 일을 실패 중지하여 이로 말미암아 모든 공익 기관이 거의 피폐하는 현상이라 이것이 곧 큰 병이니라."

> 원기22년(1937) 7월호인 《회보》 제36호에 '현대문명의 병맥 타진'이란 제목으로 실린 법문이다. 선원 대중에게 하신 말씀이므로 아마도 동선 중의 법문으로 여겨진다. 길룡지부는 하선을 시행하지 못했기 때문이다. 또한 《회보》에는 영산정사에서 하신 말씀으로 등장한다. 영산정사는 영산원과 관련되나 집회가 가능한 곳은 영산학원실 또는 영산 대각전[원기21년 음력 11월 16일 준공]으로 여겨진다. 그렇다면 혹여 영산 대각전 준공식 겸 동선 결제식 때 또는 동선 중의 법문으로 추정할 수 있다.

교의품 35장

대종사, 이어서 말씀하시기를 "그런즉 이 병들을 고치기로 할진대 무엇보다 먼저 도학을 장려하여, 분수에 편안하는 도와 근본적으로 은혜를 발견하는 도와 자력생활하는 도와 배우는 도와 가르치는 도와 공익 생활하는 도를 가르쳐서, 사람 사람으로 하여금 안으로 자기를 반성하여 각자의 병든 마음을 치료하게 하는 동시에, 선병자 의先病者醫라는 말과 같이 밖으로 세상을 관찰하여 병든 세상을 치료하는 데에 함께 노력하여야 할지니라. 지금 세상의 이 큰 병을 치료하는 큰 방문方文은 곧 우리 인생의 요도인 사은 사요와 공부의 요도인 삼학 팔조라. 이 법이 널리 세상에 보급된다면 세상은 자연히 결함 없는 세계가 될 것이요, 사람들은 모두 불보살이 되어 다시없는 이상의 천국에서 남녀노소가 다 같이 낙원을 수용하게 되리라."

| 사은 사요는 문명의 병을 타파하는 방법이며 새로운 문명을 개척하는 공부법이다.

수행품 7장

대종사, 선원 대중에게 말씀하시기를 "영광靈光의 교도 한 사람은 품삯 얼마를 벌기 위하여 예회例會 날 교당 근처에서 일을 하고 있더라 하니 그대들은 그 사람을 어떻게 생각하는가?" 한 제자 사뢰기를 "그 사람이 돈만 알고 공부에 등한 것은 잘못이오나, 만일 그 날 하루의 먹을 것이 없어서 부모처자가 주리게 되었다 하오면, 하루의 예회에 빠지고라도 식구들의 기한飢寒을 면하게 하는 것이 옳지 아니하오리까?" 대종사 말씀하시기를 "그대의 말이 그럴듯하나 예회는 날마다 있는 것이 아니니, 만일 공부에 참 발심이 있고 법의 가치를 중히 아는 사람이라면 그동안에 무엇을 하여서라도 예회 날 하루 먹을 것은 준비하여 둘 것이거늘, 예회 날을 당하여 비로소 먹을 것을 찾는 것은 벌써 공부에 등한하고 법에 성의가 없는 것이니라. 그러므로 '교당 내왕 시 주의 사항'에도 미리 말하여 둔 바가 있으며, 혹 미리 노력을 하였으되 먹을 것이 넉넉지 못하더라도 그 사람의 마음 가운데 일호의 사심이 없이 공부한다면 자연 먹을 것이 생기는 이치도 있나니, 예를 들어 말하자면 어린아이가 그 어머니의 배 밖에만 나오면 안 나던 젖이 나와져서 그 천록天祿을 먹고 자라나는 것과 같으니라."

| 품삯을 벌었던 곳은 정관평 작은 언답 내의 2-4지번의 논으로 여겨진다.

수행품 11장

회화會話 시간에 전음광全飮光이 '공부인과 비공부인의 다른 점'이란 문제로 말하는 가운데

"이 공부를 하지 않는 사람들도 어떠한 경우에 이르고 보면 또한 다 삼학을 이용하게 되나, 그들은 그때 그 일만 지나가면 방심이요 관심이 없기 때문에 평생을 지내도 공부상 아무 진보가 없지마는, 우리 공부인은 때의 동·정과 일의 유·무를 헤아릴 것 없이 이 삼학을 공부로 계속하는 까닭에 법대로 꾸준히만 계속한다면 반드시 큰 인격을 완성할 것이라." 하는지라, 대종사 들으시고 말씀하시기를 "음광의 말이 뜻이 있으나 내가 이제 더욱 자상한 말로 그 점을 밝혀 주리라. 가령 여기에 세 사람이 모여 앉았는데 한 사람은 기계를 연구하고 있으며, 한 사람은 좌선을 하고 있으며, 한 사람은 그저 무료히 앉아 있다 하면, 외면으로 보아 그들이 앉아 있는 모양은 별로 다를 것이 없으나 오랜 시일을 계속한 후에는 각각 큰 차이가 나타나게 될 것이니, 기계 연구를 한 사람은 어떠한 발명이 나타날 것이요, 좌선에 힘쓴 사람은 정신에 정력을 얻을 것이요, 무료 도일無聊度日한 사람은 아무 성과가 없을 것이라. 이와 같이 무엇이나 그 하는 것을 쉬지 않은 결과는 큰 차이가 있느니라. 내가 어려서 얼마 동안 같이 글 배운 사람 하나가 있는데, 그는 공부에는 뜻이 적고 판소리하기를 즐기어 책을 펴놓고도 그 소리 길을 가면서도 그 소리이더니, 마침내 백발이 성성하도록 그 소리를 놓지 못하고 숨은 명창 노릇을 하는 것을 연전年前에 보았고, 나는 또 어렸을 때부터 우연히 진리 방면에 취미를 가지기 시작하여 독서에는 별로 정성이 적고, 밤낮으로 생각하는 바가 현묘한 그 이치이어서 이로 인하여 침식을 다 잊고 명상에 잠긴 적이 한두 번이 아니었으며, 그로부터 계속되는 정성이 조금도 쉬지 않은 결과 드디어 이 날까지 진리 생활을 하게 되었으니, 이것을 두고 볼지라도 사람의 일생에 그 방향의 선택이 제일 중요한 것이며, 이미 방향을 정하여 옳은 데에 입각한 이상에는 사심 없이 그 목적하는 바에 노력을 계속하는 것이 바로 성공의 기초가 되느니라."

> **소태산 대종사의 손위 누나인 박도선화는 "진섭**[소태산 아명]**은 원님 노릇을 하고 법성포 엿장수 박재인은 소리하곤 했다."라고 회상한다.** 이처럼 소태산 대종사의 글

> **방**[구호동 소재] 친구 박재인은 소리를 하며 엿장수를 하였다.

수행품 47장

대종사, 겨울철에는 매양 해수咳嗽로 법설을 하실 때마다 기침이 아울러 일어나는지라, 인하여 대중에게 말씀하시기를 "내가 자라난 길룡리는 그대들이 아는 바와 같이 생활의 빈궁함과 인지의 미개함이 세상에 드문 곳이라, 내가 다행히 전세의 습관으로 어릴 때 발심하여 성심으로 도는 구하였으나 가히 물을 곳이 없고 지도받을 곳이 없으므로 홀로 생각을 일어내어 난행고행難行苦行을 할 수밖에 없었나니, 혹은 산에 들어가서 밤을 지내기도 하고, 혹은 길에 앉아서 날을 보내기도 하며, 혹은 방에 앉아 뜬눈으로 밤을 새우기도 하고, 혹은 얼음물에 목욕도 하며, 혹은 절식絕食도 하고, 혹은 찬방에 거처도 하여, 필경 의식意識을 다 잊는 경계에까지 들었다가 마침내 그 의심한 바는 풀리었으나, 몸에 병근病根은 이미 깊어져서 기혈이 쇠함을 따라 병고는 점점 더해가나니, 나는 당시에 길을 몰라 어찌할 수 없었지마는, 그대들은 다행히 나의 경력을 힘입어서 난행고행을 겪지 아니하고도 바로 대승 수행의 원만한 법을 알게 되었으니 이것이 그대들의 큰 복이니라. 무릇, 무시선 무처선의 공부는 다 대승 수행의 빠른 길이라. 사람이 이대로 닦는다면 사반공배事半功倍가 될 것이요 병들지 아니하고 성공하리니, 그대들은 삼가 나의 길 얻지 못할 때의 헛된 고행을 증거로 하여 몸을 상하는 폐단에 들지 않기를 간절히 부탁하노라."

> 길룡리 곳곳에 소태산의 난행고행의 경험이 배어있으며, 이러한 난행고행의 폐단을 경험하고서 이를 극복하여 인간이라면 떳떳이 밟아가야 할 수행로인 무시선 무처선 공부를 제시한다. 삼밭재 마당바위를 비롯한 구수산 일대와 구호동, 노루목 등 길룡리 일대에서 소태산의 정법을 향한 구도의 실상을 체득해야 할 것이다.

인도품 15장

대종사, 영산靈山에 계실 때에 새로 입교한 교도 한 사람이 음식과 폐백을 갖추어 올리는지라, 대종사 받으시고 말씀하시기를 "그대가 이와 같이 예를 표하는 것은 감사하나 그대의 마음 여하에 따라서는 오늘의 정의가 후일에 변하기도 하나니, 그대는 그 이치를 아는가?" 그 사람이 사뢰기를 "어찌 공연히 변할 리가 있겠나이까." 대종사 말씀하시기를 "그것은 그대의 구하는 마음 여하에 따라 좌우되나니, 그대가 나를 상종하되 그 구하는 것이 나에게 있는 것이라면 영구한 인연이 되려니와 만일 나에게 없는 것이라면 우리의 사귐은 오래가지 못하느니라."

> 소태산 대종사의 영산 거주처는 영산원이다. 소태산의 거주처를 조실이라 하였다. 처음에는 영산원 동편 방을 조실로 삼았으나 후에 서편 방을 수리하여 조실로 삼는다. 아마도 입교한 교도가 음식과 폐백을 올리고 인사를 한 곳은 영산원으로 여겨진다.

인도품 49장

대종사 봉래 정사에서 모친 환후患候의 소식을 들으시고 급거히 영광 본가에 가시사 시탕하시다가 아우 동국東局에게 이르시기를 "도덕을 밝힌다는 나로서는 모친의 병환을 어찌 불고하리요마는, 나의 현재 사정이 시탕侍湯을 마음껏 하지 못하게 된 것은 너도 아는 바와 같이 나를 따라 배우기를 원하는 사람이 벌써 많은 수에 이르러 나 한 사람이 돌보지 아니하면 그들의 전도에 지장이 있을 것이요, 이제까지 하여 온 모든 사업도 큰 지장이 많을 것이니, 너는 나를 대신하여 모친 시탕을 정성껏 하라. 그러하면 나도 불효의 허물을 만일이라도 벗을 수 있을 것이요, 너도 이 사업에 큰 창립주가 될 것이다."하시고, 또한 모친에게 위로하시기를 "인간의 생사는 다 천명天命이 있는 것이오니 모친께서는 안심하시고 항상 일심 청정의 진경에 주하시옵소서."하시고 강연히 그 곳을 떠나 정사로 돌아오시어 제도 사업에 전심하시니라.

> 영광 본가는 소태산의 아우인 육산 박동국의 집[영광읍 연성리 384]이다. 마지막 문장의 '그 곳'은 육산의 집[청보리로 1길 24-33]이며 '정사로 돌아오시어 제도 사업에 전심하시니라'는 문장구조로 보면 앞문장의 봉래 정사로 돌아간 것으로 여겨진다. 소태산은 모친에게 생사의 길에서 챙겨야할 핵심인 '일심 청정'의 진경에 주하기를 당부한다. 또한 '인간의 생사는 다 천명이 있는 것'이라는 당부의 말에서 모친의 법명을 정천定天이라 내정한 듯하다.

인도품 54장

부호富豪 한 사람이 흉년을 당하여 약간의 전곡으로 이웃 빈민들을 구제한 후에 항상 송덕頌德하여 주기를 바라는지라 동민들이 의논하여 비碑 하나를 세웠더니, 그 사람이 만족하지 못하고 스스로 많은 돈을 들이어 다시 비를 세우고 굉장한 비각碑閣을 건축하거늘 동민들이 그 행사를 우습게 생각하여 험담과 조소가 적지 아니한지라, 김광선金光旋이 이 말을 듣고 회화 시간에 발표하였더니, 대종사 들으시고 말씀하시기를 "이것이 곧 억지로 명예 구하는 사람들을 경계하는 산 경전이로다. 그 사람은 제 명예를 나타내기 위하여 그 일을 하였건마는 명예가 나타나기는 고사하고 그 전의 명예까지 떨어진 것이 아닌가. 그러므로 어리석은 사람은 명예를 구한다는 것이 도리어 명예를 손상하게 하며, 지혜 있는 사람들은 따로 명예를 구하지 아니하나 오직 당연한 일만 행하는 중에 자연히 위대한 명예가 돌아오느니라."

> 부호는 장산리 거주의 부호로 알려져 있다.

인과품 29장

하루는 최내선崔內善이 대중공양大衆供養을 올리는지라, 대종사 대중과 함께 공양을 마치신 후 말씀하시기를 "사람이 같은 분량의 복을 짓고도 그 과를 받는 데에는 각각 차등이 없지 아니하나니, 그것이 물질의 분량에만 있는 것이 아니라 마음의 심천深淺에도 있는 것이며 상대처의 능력 여하에도 있느니라. 영광에서 농부 한 사람이 어느 해 여름 장마에 관리 세 사람의 내를 건너 준 일로 인하여 그들과 서로 알고 지내게 되었는데, 그 농부는 한날한시에 똑같은 수고를 들여 세 사람을 건네주었건마는 후일에 세 사람이 그 농부의 공을 갚는 데에는 각각 자기의 권리와 능력의 정도에 따라 상당한 차등이 있었다 하나니, 이것이 비록 현실에 나타난 일부의 말에 불과하나 그 이치는 과거 현재 미래를 통하여 복 짓고 복 받는 내역이 대개 그러하니라."

> 이 법문은 소태산 대종사의 인과관을 이해하는 중요한 말씀이다. 내가 지은 것과 연緣이 되는 상대의 조건이 만나서 결과로 나타나는 것이다. 인과는 인연과의 준말이다.

인과품 30장

대종사, 영산에 계실 때 근동에 방탕하던 한 청년이 스스로 발심하여 과거의 잘못을 참회하고 대종사의 제자가 되어 사람다운 일을 하여 보기로 맹세하더니, 그 후 대종사께서 각처를 순회하시고 여러 달 후에 영산에 돌아오시니, 그가 그동안 다시 방탕하여 주색잡기로 가산을 탕패하고 전날에 맹세 드린 것을 부끄러이 생각하여 대종사를 피하여 다니다가 하루는 노상에서 피하지 못하고 만나게 된지라, 대종사 말씀하시기를 "무슨 연고로 한 번도 나에게 오지 않았는가?" 청년이 사뢰기를 "그저 죄송할 뿐이옵니다." 대종사 말씀하시기를 "무엇이 죄송하다는 말인가?" 청년이 사뢰기를 "제가 전날에 맹세한 것이 이제 와서는 다 성인을 속임에 불과하게 되었사오니 어찌 죄송하지 아니하오리까. 널리 용서하여 주시옵소서." 대종사 말씀하시기를 "그동안에 그대가 방심하여 그대의 가산을 탕진하고 그대가 모든 일에 곤란을 당하나니, 그러므로 나에게 용서를 구할 것이 따로 없느니라. 내가 그대를 대신하여 그대의 지은 죄를 받게 된다면 나에게 죄송하다고도 할 것이요 나를 피하려고도 할 것이나, 화복 간에 그대가 지은 일은 반드시 그대가 받는 것이라 지금 그대는 나를 속였다고 생각하나 실상은 그대를 속인 것이니, 이후로는 공연히 나를 피하려 하지 말고 다시 그대의 마음을 단속하는 데에 힘쓸지어다."

> 길룡리 노상路上은 노루목을 거쳐 산등성이를 따라 현재의 영산선학대학 들어서는 마을을 지나 선학대학을 통과하여 돛드레미와 선진포로 넘어가는 길, 또는 노루목에서 구호동으로 가는 길과 용암마을을 지나 영광읍으로 가는 길이다. 아마도 청년은 이 길 중에서 소태산 대종사를 만났을 것이다. 길룡리 노상에서 이 법문을 봉독하는 맛도 있을 것이다.

인과품 31장

대종사, 영산에 계실 때 하루는 채포菜圃에 나가시니, 채포[채소밭] 가에 있는 분항糞缸에 거름 물이 가득하여 뭇 벌레가 화생하였는데, 마침 쥐 한 마리가 그것을 주워 먹고 가는지라, 밭을 매던 제자들이 "저 쥐가 때때로 와서 저렇게 주워 먹고 가나이다." 하거늘, 대종사 말씀하시기를 "지금은 저 쥐가 벌레들을 마음대로 주워 먹으나 며칠 안에 저 쥐가 벌레들에게 먹히는 바 되리라." 제자들이 말씀 뜻을 충분히 이해하지 못하여 "삼세인과가 어찌 그리 빠르리오." 하였더니, 과연 며칠 후에 그 쥐가 분항에 빠져 썩기 시작하매 뭇 벌레가 그 쥐를 빨아먹고 있는지라, 대종사 말씀하시기를 "내가 전날에 한 말을 그대들은 이상히 생각하는 듯하였으나 나는 다만 그 기틀을 보고 말한 것뿐이니라. 당시에는 분항 속에 거름이 가득하므로 쥐가 그 위를 횡행하며 벌레를 주워 먹었으나, 채소밭을 매고서는 응당 그 거름을 퍼서 쓸 것이요, 그러면 그 항 속은 깊어져서 주의 없이 드나들던 저 쥐가 반드시 항 속에 빠져 죽을 것이며, 그리하면 뭇 벌레의 밥이 될 수밖에 없는 것을 미리 추측한 것이니라." 하시고, 이어서 말씀하시기를 "사람의 죄복 간 인과도 그 일의 성질에 따라 후생에 받을 것은 후생에 받고 현생에 받을 것은 현생에 받게 되는 것이 이와 다를 것이 없느니라."

> 소태산 대종사의 인과관을 볼 수 있는 중요한 법문이다. 합리적이고 사실적인 지평에서 인과를 바라보고 있다. 인과마저도 '인도상 요법'에서 전개하고 있다.

성리품 1장

대종사 대각을 이루시고 그 심경을 시로써 읊으시되 "청풍월상시淸風月上時에 만상자연명萬像自然明이라." 하시니라.

> 『원불교교사』 '대종사의 대각'에서 '출정의 첫걸음' 대목의 시적 표현이다.
> "원기 원년(1916·丙辰) 음 3월 26일 이른 새벽에, 대종사, 묵연히 앉으셨더니, 우연히 정신이 쇄락해지며, 전에 없던 새로운 기운이 있으므로, 이상히 여기시어 밖에 나와 사면을 살펴보시니, 천기가 심히 청량하고 별과 별이 교교皎皎하였다."

천도품 25장

대종사 말씀하시기를 "내가 어느 날 아침 영광에서 부안 변산 쪽을 바라다보매 허공 중천에 맑은 기운이 어리어 있는지라, 그 후 그곳에 가 보았더니 월명암에 수도 대중이 모여들어 선을 시작하였더라. 과연 정신을 모아 마음을 맑히고 보면 더럽고 탁한 기운은 점점 가라앉고 신령하고 맑은 기운은 구천九天에 솟아올라서 시방삼계가 그 두렷한 기운 안에 들고 육도사생이 그 맑은 법력에 싸이어 제도와 천도를 아울러 받게 되느니라."

맑은 기운은 반농반선半農半禪인 학명의 선풍에 따라 선원대중이 정진하는 것을 뜻한다.

실시품 7장

대종사, 영산에 계실 때 창부 몇 사람이 입교하여 내왕하는지라 좌우 사람들이 꺼리어 사뢰기를 "이 청정한 법석에 저러한 사람들이 내왕하오면 외인의 치소嗤笑가 있을 뿐 아니라 반드시 발전에도 장애가 될 것이오니, 미리 오지 못하게 하는 것이 좋을까 하나이다." 대종사 웃으시며 말씀하시기를 "그대들은 어찌 그리 녹록한 말을 하는가. 대개 불법의 대의는 항상 대자대비의 정신으로 일체중생을 두루 제도하는 데에 있거늘 어찌 그들만 그 범위에서 제외하리오. 제도의 문은 도리어 그러한 죄고 중생을 위하여 열리었나니, 그러한 중생일수록 더 반가이 맞아들여 그 악을 느껴 스스로 깨치게 하고 그 업을 부끄러워 스스로 놓게 하는 것이 교화의 본분이거늘, 어찌 다른 사람의 치소를 꺼리어 우리의 본분을 저버리겠는가. 또한, 세상에는 사람의 고하가 있고 직업의 귀천이 있으나 불성에는 차별이 없나니, 이 원리를 알지 못하고 다만 그러한 사람이 내왕한다고 하여 함께 배우기를 꺼린다면 도리어 그 사람이 제도하기 어려운 사람이니라."

선진포 나루에는 내왕하는 사람이 많아 나룻배를 운영하는 선주의 집과 창고 4동이 있었고 주막도 성행했다. 그 당시 정자나무 두 그루가 있었으나 지금은 한 그루만 있고 당시의 창고와 주막과 민가는 대부분 도로에 편입되었다.

실시품 13장

대종사, 영산에 계실 때 하루는 그 면의 경관 한 사람이 이웃 마을에 와서 사람을 보내어 오시기를 요구하매, 대종사 곧 그에 응하려 하시는지라, 좌우 제자들이 그 경관의 무례함에 분개하여 가심을 만류하거늘, 대종사 말씀하시기를 "내가 가서 그 사람을 보는 것이 무엇이 불가하다는 말인가?" 한 제자 사뢰기를 "아무리 도덕의 가치를 몰라주는 세상이기로 그와 같은 일개 말단 경관이 수백 대중을 거느리시는 선생님에게 제 어찌 사의私意로써 감히 오라 가라 하오리까. 만일 그대로 순응하신다면 법위의 존엄을 손상할 뿐 아니라 교중에 적지 않은 치욕이 될까 하나이다." 대종사 말씀하시기를 "그대의 말이 그럴듯하나 이에 대해서는 조금도 염려하지 말라. 내 이미 생각한 바가 있노라." 하시고, 바로 그곳에 가시어 그를 만나고 돌아오시사, 제자들에게 말씀하시기를 "내가 가서 그를 만나매 그가 도리어 황공한 태도로 반가이 영접하였으며 더할 수 없이 만족한 표정으로 돌아갔으니, 그가 우리를 압제하려는 마음이 많이 줄어졌으리라. 그러나 내가 만일 가지 아니하였다면 그가 우리를 압제하려는 마음이 더할 것이요, 그러하면 그 결과가 어찌 되겠는가. 지금 저들은 어떠한 트집으로라도 조선 사람의 단체는 다 탄압하려 하지 않는가. 그러므로 이러한 경우에는 이렇게 대응하는 것이 가장 마땅한 길이 되느니라. 대저, 남의 대접을 구하는 법은 어느 방면으로든지 먼저 그만한 대접이 돌아올 실적을 세상에 나타내는 것이니, 그리한다면 그 실적의 정도에 따라 모든 사람이 다 예를 갖추게 되리라. 그러나 불보살의 심경은 위를 얻은 뒤에도 위라는 생각이 마음 가운데 머물러 있지 아니하느니라."

> 그 면은 백수면으로, 이웃 마을이라면 길룡리와 연해 있는 천정리일 가능성이 높다.

전망품 2장

대종사, 대각하신 후 많은 가사歌詞와 한시漢詩를 읊으시고 그것을 수록하게 하시어 '법의

대전法義大全'이라 이름하시니, 그 뜻이 매우 신비하여 보통 지견으로는 가히 이해하기 어려우나, 그 대강은 곧 도덕의 정맥正脈이 끊어졌다가 다시 난다는 것과 세계의 대세가 역수逆數가 지나면 순수順數가 온다는 것과 장차 회상 건설의 계획 등을 말씀하신 것이었는데, 그 후 친히 그것을 불사르사 세상에 다시 전하지 못하게 하셨으나 '개자태극조판원천강림어선절후계지심야蓋自太極肇判元天降臨於先絕後繼之心也'라고 한 서문 첫 절과 다음의 한시열 한 구가 구송口誦으로 전해지느니라.

만학천봉답래후萬壑千峰踏來後 무속무적주인봉無俗無跡主人逢
야초점장우로은野草漸長雨露恩 천지회운정심대天地回運正心待
시사일광창천중矢射日光蒼天中 기혈오운강신요其穴五雲降身繞
승운선자경처심乘雲仙子景處尋 만화방창제일호萬和方暢第一好
만리장강세의요萬里長江世意繞 도원산수음양조道源山水陰陽調
호남공중하처운湖南空中何處云 천하강산제일루天下江山第一樓
천지방척척수량天地方尺尺數量 인명의복활조전人名衣服活造傳
천지만물포태성天地萬物胞胎成 일월일점자오조日月一點子午調
방풍공중천지명放風空中天地鳴 괘월동방만국명掛月東方萬國明
풍우상설과거후風雨霜雪過去後 일시화발만세춘一時花發萬歲春
연도심수천봉월研道心秀千峰月 수덕신여만곡주修德身如萬斛舟

> 『법의대전』은 이씨 제각에서 받아썼을 것이며, 소각은 이씨 제각 옆인 김광선 집에서 이루어진다. 김광선은 애기바위에 법의대전 중 한 권을 숨기었다가 다 소각하라는 소태산의 명에 따라 태우게 된다. 아마도 애기바위 근처에서 태웠을 것이다.

2. 『대종경선외록 大宗經選外錄』

구도고행장 1절

대종사 발심하신 후로부터 주야 없이 솟아오르는 주문呪文 두 절節이 있다. 하나는 '우주신적기적기宇宙神適氣適氣'라는 주문인바 그 후 어쩔 줄 모르게 '시방신 접기접기十方神接氣接氣'라고 고쳐 불렸다. 또 한 절은 '일타동공일타래一陀同功一陀來 이타동공이타래 삼타동공삼타래 사타동공사타래 오타동공오타래 육타동공육타래 칠타동공칠타래 팔타동공팔타래 구타동공구타래 십타동공십타래'라는 주문이었다. 이 두 가지 주문은 구도 당시 기도를 올리실 때마다 늘 부르셨다 한다.

> 적기접기適氣接氣 주문과 동공同功 주문은 소태산 대종사, 귀영바위 주막을 운영하던 시절에 떠오른 주문을 귀영바위 굴에서 주송하였던 것이다. 소태산의 구도의 한 단면으로 이러한 주문수행은 향후 『정전』 '염불법'으로 정착된다.

구도고행장 2절

대종사 득도하시기 전, 고창高敞 심원면心元面 연화봉蓮花峰 초당에서 수양하실 적에 집안사람들이 선산先山의 이장移葬 문제를 의논해 왔다. 대종사 곧 한 귀의 글을 지어 그들에게 보이시었다. '청산백골위후사靑山白骨爲後事 허명세전무인시虛名世傳無人市' 번역하면 '푸른 산에 백골로 뒷일을 위한다는 것은 헛이름을 대대로 사람 없는 저자에 전하는 것이다.'라는 뜻이었다.

> 소태산의 인도상 요법人道上要法에 주체하는 일례이다. 연화봉 수양시기에 신비한 수행[신력神力]의 이야기가 전해오나[구도고행장 5절] 소태산의 심중에는 사람이 떳떳하

❙ 게 밟아갈 사실적인 인도人道가 기반해 있었다.

구도고행장 4절
"내가 어느 때에는 구도의 열의는 불타올랐으나 어찌할 방향을 몰라서 엄동설한 찬방에 이불도 없이 혼자 앉아 '내 이 일을 어찌할꼬?' 하는 걱정에만 잠겨있었다. 근동 연장年長 친우로 있던 지금 팔산八山이 내 뜻을 알고 매일 아침에 조밥 한 그릇을 남몰래 갖다 주므로 나는 그것을 두 때로 나누어 소금국에 먹었다. 두발頭髮은 길어서 사람 모양이 아니고 수족은 얼어 터지고 수염은 입김에 얼음덩어리가 되었다. 그러나 오히려 구도의 열성은 하늘에 뻗질러서 조금도 쉬어본 일이 없었다."

❙ 팔산 김광선은 그의 아들 김홍철을 시켜 조밥을 몰래 심부름시켰다.

구도고행장 5절
"또 어느 때에는 무장茂長 선운사禪雲寺에나 가보면 이 뜻을 이룰 수 있을까 생각하였다. 그러나 나에게는 아무런 계책이 없었다. 애를 태우고 중 또 팔산이 내 뜻을 알고 선운사 부근의 제각 한 칸을 얻어서 쌀 한 말과 간장 한 병을 마련해 주고 갔다. 나는 거기서 불철주야하고 일천정성을 다 올리고 있었다. 그러는 중 하루는 그 제각 주인의 당혼한 딸이 부모 몰래 찾아와서 나의 마음을 움직이려 하였다. 그러나 나는 다른 마음이 일어날 여유가 없었다. 그렇게 3개월간 적공을 드렸더니 신력神力은 얻어져서 간혹 내왕하는 팔산을 놀라게 한 일이 있었으나 그도 나의 참된 소망이 아니었다. 그래서 도로 내려오기로 작정하고 가지고 갔던 쌀을 살펴보니 절반이나 남았고 핫옷 한 벌 입고 간 것은 떨어져서 형편없이 되어 있었다. 그러나 얼굴은 세속에서 잘 지낸 사람보다 오히려 좋다고들 말하였다."

> 선운사 부근의 제각 한 칸은 연화봉 초당[연화리 산77-2]이다. 연화봉 수양 때 절식수행을 한 듯하다. 가지고 갔던 쌀 한 말과 간장 한 병을 살펴보니 절반이나 남았다고 하니 보통 사람들의 1/4도 안 먹은 것이다.

초도이적장 2절

대종사 득도得道하신 후 심독희자부心獨喜自負하신 법열法悅의 심경을 다음과 같이 술회하시었다. "도道를 안 후로는 초동목수草童牧竪의 노랫소리도 나의 득도를 찬양하는 것 같고, 농군들의 상두소리도 내가 안 이치를 노래하는 것 같았다. '일심정력 들이대어 섭 고르게 잡아서 방 고르게 잘 심세' 하는 농부의 노래 소리가 그대로 도를 아는 말 같아서 그 사람을 붙들고 물어본 일도 있었다. 또는 그해 겨울 범현동帆縣洞에 있을 때는 '생사고락 그 이치며 우주 만물 그 이치를 억만 사람 많은 것 중에 내가 어찌 알았던고.'라고 생각하니 생각할수록 흥이 나서 하룻밤을 흥타령으로 앉아 세우고, 이른 새벽 눈은 척설尺雪로 쌓였는데, 굽 나막신을 신은 채 뒷산에 올라가 사방으로 돌아다니다가 돌아왔으되 신발에 눈 한 점 묻어 있지 않은 일도 있었다."

> 나막신을 신고 눈 덮인 산을 돌아다니신 시기는 원기 원년을 지나 원기2년(1917)을 맞는 겨울로 보인다.

초도이적장 3절

대종사 처음 단團을 조직하실 때에 오모라는 사람이 예선豫選에 참여하였었다. 그런데 그가 그 후 변심하여 주색에 방탕하고 정당치 못한 사람들과 상종하면서 대종사와 일반 동지를 심히 비방까지 하였다. 김성구[金聖久, 법명: 기천]가 이를 보고 내심 생각하기를 "전날에 오모가 그와 같이 중한 맹세를 하고, 지금 저와 같이 변심 행위를 감행하니 만일 그때의 서약이 영험이 있다면 그 신변에 어찌 죄해가 없겠는가." 하고 어느 날 대종사께 그 뜻으로 여쭈었다. 대종사 말씀하시었다. "내가 오늘 그 사람의 전도를 미리 판단은 아니 하나 그 사람이 그 맹세를 보통 농담으로 한 것이 아니고 진심으로 하였었다면 그 한 말이 극히 중하고 어려운 바가 있는 것이다. 어찌 무단한 헛말로만 생각하리오." 그 후 얼마 아니하여 그 사람이 술에 대취하여 급병으로 하룻밤 사이에 세상을 떠났다. 이 일로 인하여 김성구와 일반 동지가 법계의 영험에 두려움을 느끼고 처음 신근들이 더욱 굳어졌다.

| 오모는 학산리 출신 오내진으로, 처음 8인 제자에 뽑힌다. 방언 작답作畓하는 데에도 참여한다.

초도이적장 4절

대종사 9인 단원의 근기가 점차 향상됨을 보시고 그에 따라 차차 교화하는 법을 정하시었다. 먼저 정식으로 매월 예회例會 보는 법을 지시하시어 삼순일三旬日로써 모이되, 신信을 어긴 이는 상당한 벌이 있게 하시었다. 또는 성계명시독誠誡明示讀이라는 양심 고백장을 두시어, 단원들이 자기 집에서 열흘 동안 지낸 마음과 행동을 일일이 조사하여 그 신성의 진퇴와 행실의 시비를 대조하도록 하시었다. 그중에 만일 사실을 속이는 제자가 있으면 보신 듯이 그 사실을 지적하시며 엄하게 꾸짖으시었다.

"그대가 나를 속이는 것이 곧 자신을 속이는 것이요 법계法界를 속이는 것이다. 그대가 계속하여 법계를 속인다면 그대는 영원히 재앙에 떨어질 것이니 각별히 조심하라." 단원들은 한편 두려워하고 한편 기뻐하며 그 마음의 결합함과 신성의 향상됨이 이루 다 말할 수 없었다.

| 천제의 대행자라는 방편교화 시기를 거쳐 실생활의 정법으로 진화해 가는 한 예

| 이다.

초도이적장 5절

대종사 김성섭[金成燮, 법명: 광선]이 한문만 숭상하여 그에 구애됨을 아시고 하루는 짐짓 물으시었다. "돌아오는 세상에 교법을 제정하려면 한문으로 경전을 만들어야 하지 않겠는가." 성섭이 의아하여 내심으로 생각하였다. '대종사께서는 본시 한학漢學을 충분히 하신 바 없으신데 어떻게 교법을 제정하시려는고.' 성섭이 대답지 못함을 보시고 대종사 미소하시며 말씀하시었다. "내가 지금 한문으로 교법을 불러낼 것이니 그대는 즉시로 받아쓰라." 대종사 즉석에서 수많은 한시漢詩와 한문漢文을 연속하여 불러 내리셨다. 성섭이 한참 동안 받아쓰다가 부르시는 글을 미처 다 수필受筆하지 못하고 황겁하여 어찌할 바를 몰랐다. 대종사 말씀하시었다. "도덕은 문자 여하에 매인 것이 아니니, 그대는 이제 한문에 얽매이는 생각을 놓아 버리라. 앞으로는 모든 경전을 일반 대중이 다 알 수 있는 쉬운 말로 편찬해야 할 것이며 우리글이 세계의 명문이 되는 동시에 우리말로 편찬한 경전을 세계 사람들이 서로 번역하여 배우는 날이 멀지 아니하다. 그대는 다시 어려운 한문을 숭상하지 말라."

| 교법을 대중화하는 한 예이다. 소태산 대종사는 쉬운 우리말에 대한 예찬과 이를 통한 세계교화를 전망하시고 있다.

초도이적장 6절

이재풍[李載馮, 법명: 재철]은 본시 풍골이 늠름하고 세상 상식이 풍부하여 매양 대종사를 친견할 때마다 보통 사람과 다르신 점을 대종사의 체상體相에서 살피려 하였다. 대종사 하루는 재풍에게 배코를 쳐 달라고 명령하신 후, 상투 머리를 풀어 그의 앞에 보이시었다. 재풍이 배코를 치려고 대종사의 두상을 들여다보니 곧 대종사의 이환현궁泥丸玄宮이 샘같이 뚫어지며 재풍의 몸이 그 속에 빠져드는 것 같았다. 재풍이 어찌할 바를 알지 못하고 서 있었다. 대종사 웃으시며 말씀하시었다. "성현을 마음의 법으로 찾으려 하지 아니하고 몸의 표적으로 찾으려 하는 것은 곧 하열한 근기인 것이다." 재풍이 정신을 차려 다시 보니 대종사의 이환에 아무 흔적도 없었다. 재풍이 크게 깨달아 다시는 이적을 살피지 아니하고 평생토록 정법을 받들었다.

> 초창기 8인 단원들을 신통 이적에서 마음공부의 정법으로 전환시키는 일례이다.

초도이적장 7절

9인 단원이 정관평貞觀坪 방언을 진행할 때였다. 이웃 마을에 김모金某라는 부호가 있었다. 그는 원래 그 지역에 세거한 사람으로 문벌이 또한 유세하였다. 조합원들이 방언 공사에 착수함을 보고 그는 곧 분쟁을 일으키었다. 자기도 동일 지역의 간석지 개척 원서를 제출해 놓고 관계 당국에 빈번히 출입하여 맹렬한 운동을 벌였다. 장차 토지권 문제에 우려가 생기자 단원 간에 그를 미워하고 원망하는 태도가 깊어 갔다. 대종사 말씀하시었다. "공사 중 이러한 분쟁이 생긴 것은 하늘이 우리의 정성을 시험하려 하심인 듯하다. 그대들은 조금도 이에 끌리지 말고 또는 그 사람을 미워하지도 원망하지도 말라. 사필귀정事必歸正이 이치의 당연함이지마는 사세事勢가 그렇지 못하여 우리의 노력한 바가 헛되이 그 사람의 소유가 된다고 할지라도 우리에 있어서는 양심에 조금도 부끄러운 바가 없는 것이다. 또는 우리의 본뜻이 항상 공중을 위하여 활동하기로 한 것이니, 비록 처음 계획과 같이 많은 대중을 위하여 널리 사용되지는 못한다고 할지라도 그 사람도 또한 대중 중의 한 사람은 되는 것이며, 이 빈궁한 산촌 주민들에게 상당한 경작지가 생기게 하였으니 또한 공익도 되지 않는가. 이때를 당하여 그대들은 자타自他의 관념을 초월하고 오직 공익의 본의대로 근실히 노력한다면 우리의 목적은 달성되는 것이다." 그 후 그 사람의 운동은 실패에 돌아가고 우리 방언조합에서 허가서를 받았고 그는 의외에도 병이 들어 죽게 되었다.

> 이웃 마을의 부호는 천정리 부호 또는 장산리 부호 중 누구일 것이다.

사제제우장 1절
대종사 대각하신 후 회상 여실 뜻을 내정하시고 각지에 산재散在한 숙연宿緣 깊은 제자들을 모으시었다. 제일 먼저 인연 깊은 김성섭八山을 첫 제자로 삼으시고, 김성섭에게 명하시어 오재겸四山을 오게 하시었다. 오재겸에게 명하시어 이재풍[一山]과 김성구[三山]를 오게 하시고 다음으로 차자 이인명[二山] 박경문[五山] 박한석[六山] 유성국[七山] 등을 모우시었다.

> 소태산은 고향의 선배와 동지들을 모아 제자로 삼는다. 제자들이 평소에 알고 지내던 또는 건너 아는 지인들이었다. 이 점이 소태산의 교화 특징이다.

사제제우장 2절
대종사 10인 1단을 조직하시어 친히 단장이 되신 후, 중앙위中央位는 비워 놓고 혹 일이 있을 때는 오재겸으로 대리케 하시었다. 제자들이 그 연유를 여쭈었다. 대종사 말씀하시었다. "그 자리에는 장차 올 사람이 있느니라."

> 10인 1단 단원 중에서 정산 송규는 영광 이외의 인물이다. 경상도 출신의 정산 송규는 외부의 눈을 갖춘 인물이다.

사제제우장 3절

이때 대종사 간혹 밤하늘에 성수星宿 운행함을 살피시며 말씀하시었다. "우리가 만나야 할 사람이 점점 가까이 오고 있느니라." 대종사 또 말씀하시었다. "우리가 만일 그 사람을 만나지 못하면 우리 일이 이뤄지지 못 하나니라."

> 별을 보고 송규를 찾았다는 것은 상징적이다. 규라는 법명처럼 소태산은 정산 송규를 밤하늘의 별처럼 빛나는 인물로 보았다. 소태산은 정산 종사를 스카웃하려는 것이다.

사제제우장 4절

대종사 8인으로 첫 단團을 조직하시며 말씀하시었다. "중앙 재목은 뒤에 먼 데서 올 것이다." 그 후 3개월이 지났다. 하루는 대종사 이재풍, 오재겸을 불러 말씀하시었다. "그대들은 장성長城역에 가서, 체격이 작은 편이고 낯이 깨끗한 어떤 소년이 차에 내려서 갈 곳을 결정 못 하고 서성거리거든 데리고 오라." 두 사람이 명을 받들고 다음 날 발정하기로 하였다. 대종사 그날 석후夕後에 다시 말씀하시었다. "장성 갈 일은 그만두라. 후일 자리 잡아 앉은 뒤에 다시 데려오리라."

> 당대에는 도보로 길룡리에서 영광읍을 거쳐 연성리 성동뜰을 지나 모량면 덕흥리를 통과하여 대마면 화평리와 복평리를 거쳐 깃재를 넘어 사창을 지나 장성역에 다니었다.

사제제우장 5절

하루는 대종사, 김성섭에게 말씀하시었다. "오늘은 나와 함께 저 웃녘에 가세." 김성섭이 여쭈었다. "어찌 가자하시나이까." 대종사 말씀하시었다. "내가 진작부터 항상 말하기를 우리와 만날 사람이 있다고 하였었지. 그 사람 데리러 가자는 말일세."

> 화해제우는 소태산이 김광선과 동행하여 제우했다는 정설과 함께 먼저 김광선을 보내 만나도록 한 뒤 그 후에 만났다는 설[대종경선외록 자초지종장 1절]이 있다.

사제제우장 6절

두 분이 보행으로 무장, 고창, 흥덕을 거쳐 정읍 화해리花海里에 이르렀다. 이윽고 김도일金道一 집을 방문하여 비로소 송도군[宋道君, 鼎山]을 만나시었다. 송도군은 여러 해를 두고 고명한 대인 한 분 만나기를 발원해 온 터라 심복지심이 흡족하였고 대종사는 기다리고 바라던 사람을 만나신지라 극히 사랑하셔서 황송하게도 대종사께서 먼저 결의형제結義兄弟 하자고 청하시었다.

> 소태산이 화해리를 방문하여 송규를 직접 찾아 만난 이 사건을 화해제우花海際遇라 한다. 소태산 대종사가 찾아간 화해리 마동 입구에는 왕버드나무가 있었다.

사제제우장 7절

송도군이 응종應從하며 숙연임을 크게 깨달아 말씀드리었다. "저 역시 큰 원을 품고 수년 동안 수백 리를 정처 없이 방황하여 왔사오나, 항상 마음에 무엇이 걸린 것 같아 밤낮으로 걱정하던 중 오늘에야 영겁 대사를 해결할 날이 왔나이다." 송도군이 대종사께 사배를 올리었다.

> 김해운 초가집 중 김해운의 아들 김도일의 방 가운데를 막아 윗방에 송도군은 거

처한다. 이곳에서 소태산 박중빈과 정산 송규는 역사적인 만남을 한다.

사제제우장 8절

대종사 송도군의 마음을 돌리어 영광으로 데려가시려고 2일간을 화해리 이웃집에 유련留連하시었다. 그러나 도일의 모친 김해운金海運의 지극한 만류로 일시에 정의를 뗄 수 없어 뜻을 이루지 못하시었다. 두 분은 여름에 다시 중로中路에서 만나기로 후약後約을 두고 갈리시었다.

▎ 소태산 하루 묵은 객사로 여겨지는 집이 현재 화해제우비 맞은편에 자리하고 있다.

사제제우장 9절

원기3년[戊午] 여름, 약속한 날짜가 되었다. 대종사의 명을 받든 김성섭은 영광에서 올라오고 송도군은 화해리에서 내려와 중로에서 두 사람이 서로 만났다. 두 사람은 은밀히 장성을 거쳐 영광 길룡리 대종사 처소에 당도하였다.

▎ 중로中路는 정읍 연지원이며, 장성을 거쳤다는 것은 정읍역에서 장성역까지 기차로 갔다는 설이다.

사제제우장 10절

대종사 기뻐하시며 송도군에게 말씀하시었다. "이 일이 어찌 우연한 일이겠느냐. 숙겁 다생에 서약한바 컸었느니라." 대종사 송도군을 옥녀봉玉女峰 아래에 미리 마련한 토굴 속에 기거케 하시고 밤에만 도실에 나와 8위 단원[8인 제자]과 함께 단란한 생활을 하게 하시었다.

> 김광선의 안내로 정읍 화해리에서 영광 길룡리에 와서는 처음에는 김광선의 집에서 머무른다. 이후 구간도실이 건축되자 거처를 이곳으로 옮긴다. 낮에 토굴에 머물게 한 것은 경상도 말투로 이목이 집중되는 것을 피하기 위해서이며 또 한편으론 도꾼 수행으로 이룬 신통기를 빼기 위해서였다.

사제제우장 11절

하루는 송도군이 대종사 앞에 꿇어 엎드리어 사뢰었다. "제가 전날에 분부를 받들어 결의형제하와 스승님을 형님이라고 부르는 일이 극히 황송하오니 지금부터는 형제의 분의分義는 해제하옵고 부자의 분의를 정하게 하여 주시옵소서." 대종사 말씀하시었다. "네 마음 좋을 대로 하라."

> 화해에서 제우할 때는 결의형제의 예를 맺었다면, 길룡에서 제우해서는 사제의 예를 맺는다.

사제제우장 12절

그 후 대종사 송도군으로 하여금 중앙 위位에 오르게 하시고 수기授記를 주시며 제반 사무를 대행케 하시었다. 8위[8인 제자]와 일반 대중은 19세의 연소한 분이나 장형같이 숭배하며 받들었다.

> 도군이란 이름처럼 정산 종사는 도꾼이었으며, 소태산을 만나 드디어 일원회상의 중앙으로, 신통을 부릴 능력이 있는 도꾼에서 인간의 길을 밟아가는 마음공부인으로 전환한다.

사제제우장 13절

대종사 옥녀봉 아래에 도실道室을 신축하시고 이를 첫 수위단 회집실로 삼으시었다. 대종사 도실 이름을 '대명국영성소좌우통달만물건판양생소大明局靈性巢左右通達萬物建判養生所'라 하시었다.

> 교당의 최초 이름이요 의미이다.

인연과보장因緣果報章 1절

대종사 득도하신 이듬해 어느 날 김성섭[八山]을 데리시고 영광읍에 장 구경을 나가시었다. 어느 집에 들러 잠깐 쉬시는 동안 그 주인에게 물으시었다. "이 집에는 안주인이 없는가." 주인 남자가 대답하였다. "소시 이후로 여자만 얻으면 몇 달도 못 살고 나가 버리기 때문에 이렇게 혼자 몸으로 곤궁히 지냅니다." 대종사 들으시고 웃으시며 말씀하시었다. "내가 좋은 여자 하나를 골라 줄 터이니 살아 보려는가." 그 주인이 반가이 대답하였다. "그렇게 하여 주시면 천만 감사하겠습니다." 대종사 그 집에서 한참 동안 쉬어 앉아 계시니 수많은 남녀가 장을 보러 가다가 그 집에 들어와 앉아 쉬었다. 대종사 그 가운데 한 여자를 부르시더니 말씀하시었다. "그대가 바깥주인이 있는가." 그 여자가 대답하였다. "생이별하고 혼자 지냅니다." 대종사 말씀하시었다. "이 집 주인하고 같이 살면 어떠하겠는가." 그 여자가 처음에는 대경실색하고 거절하더니, 나중에 그 남자 주인을 대면하고 나서는 살아볼 뜻을 보였다. 대종사 그 남녀를 한자리에 불러 앉히시고 말씀하시었다. "내가 두 분에게 옛이야기를 하나 하여 줄 터이니 들어 보라. 옛날 깊은 산속에서 수꿩과 암꿩이 재미있게 살다가 죽었는데 그 후로 두 꿩은 차차 좋은 몸을 받아 나오게 되어서 마침내 둘 다 사람 몸을 받게 되었다. 그러나 둘은 다 서로 좋은 인연을 얼른 만나지 못하고 반평생을 아들딸도 두지 못하고 이곳저곳으로 떠돌아다니면서 갖은 고생을 다 하였다. 그러다가, 우연히 전생 인연을 만나 다시 부부가 되어서 재미있게 살게 되었다." 두 사람이 대종사의 그 말씀을 듣고는 부모상을 당한 것처럼 함께 흐느껴 울었다. 대종사 다시 말씀하시었다. "그러기 때문에 사람이 인연을 잘 지어야 하니 이 말을 깊이 들어 두라." 대종사 그 집을 나와 장을 보시고 돌아가시는 길에 김성섭에게 말씀하시었다. "그대는 오늘 내가 이야기한 뜻을 알았는가. 그 두 사람이 전생에 꿩 내외라, 자기들 전생 일을 말해 주었더니 그렇게 흐느껴 울더라. 사람의 영생에 인연 작복이 제일 큰일이 되는 것이다."

> **영광 옛 장터**[현 영광청소년문화센터 주차장 일대]**는 법인기도 당시 창생을 위해 죽어도 여한이 없다는 사무여한**死無餘恨**의 결의를 위해 단도**短刀**를 사 왔던 곳이다. 신천리 신흥 출신인 이재풍은 이곳 옛 장터의 대장간에서 단도를 맞춰 법인기도 때 가져온다.**

도운개벽장 1절

대종사 도문을 여신 지 몇 해 아니 되어 제자들에게 말씀하시었다.
"한겨울이 지나고 나서 새 봄철이 돌아오면 천종만물의 각색 화초가 너도나도 하고 움을 트고 나와서 제가 각기 제일 씩씩한 것처럼 자랑하고 있지마는 숙살 만물하는 성숙기를 당해 보면 그 절개가 각각임을 알 수 있는 것이다. 종교도 이 앞으로 우후죽순같이 천교만교가 이곳저곳에서 한정 없이 나와서 다 각기 제 법이 제일이라고 주장하고 나설 것이나, 결국 나라에서 또는 세계에서 종교의 심판기를 지내고 보면 그 진가를 알게 될 것이다."라고 하시고, 도실 상량에 쓰셨던 '송수만목여춘립松收萬木餘春立 계합천봉세우명溪合千峰細雨鳴'을 해석하여 주셨다. 곧 '솔은 일만 나무 남은 봄을 거두어 가지고 씩씩하게 서 있고, 시냇물은 일천 봉우리 가는 비를 모아다가 큰 소리를 내리라.'

| 『대종경』 서품 12장과 연관된 법문이다.

은족법족장 3절

대종사 말씀하시었다. "내가 영산 대각전 건축할 때에 그곳 일꾼들이 자기들끼리 주고받는 말을 들었다. '불법연구회가 영산에만 이렇게 큰 집을 짓는 것이 아니라 웃녘에 가서는 더 큰 집들이 사방에 즐비하다네. 우리가 이십여 년 전 그분들이 방언할 때에도 일을 하였었는데 그때 종사 선생님과 8, 9인들의 정성이 모두 충천하지 아니하였는가. 평생 노동을 해 보지도 아니한 분들이 저렇게 애를 쓰면서도 열성이 식지 아니하니 앞으로 잘될 것은 뻔하다고 하지 아니하였는가. 그런데, 20년이 지난 오늘에도 그 열성이 더했으면 더했지 줄지를 아니하니 이대로 계속하면 그분들은 이 앞으로 더 큰일을 해낼 것이라'고 말하였다. 나는 그들의 말을 듣고 가만히 돌아와서 혼자 생각해 보았다. 나나 그대들이나 과연 지금까지 열성이 쉬지 아니하니 그 분들의 법어에 양심이 부끄럽지는 아니하였다. 무릇 공부나 사업을 하는 사람이 시작과 끝이 한결같지 못하면 그 원을 성취하지 못할 것이다. 그러므로 과거에 석가세존께서도 연등불을 친견하신 후 주세불 되시기를 발원하시고 오백생 동안 불식지공을 쌓으신 결과 주세불이 되지 아니하셨는가. 그대들도 이 말을 듣고 반성하여 혹 열성이 식었으면 다시 추어 잡으라. 만일 열성이 식어가는 날에는 그 사람은 그날부터 살고도 죽은 산송장이 되어가는 것이니, 살고도 죽은 사람이 될 것이 아니라 살았으면 산 사람으로 정진하여야 할 것이다."

| 영산 대각전은 원기21년(1916) 10월 착공하여 12월 29일(음력 11월 16일) 낙성한다. 당시 영산 대각전 신축공사에는 영산지역 교도들뿐만 아니라 인근 주민들까지 참여하였고 익산총부에서 일산 이재철과 사산 오창건이 건축 감독으로 파견된다. 그해 12월 초부터 소태산 대종사 직접 1개월여를 계시면서 친히 감독하

> 며 건축에 심혈을 기울인다.

자초지종장 1절

대종사 하루는 김성섭[金成燮, 八山]을 부르시어 말씀하시었다. "전북 정읍 땅에 경북 성주에서 온 송모라는 젊은이가 있거든 데리고 오라." 팔산이 명을 받들어 찾아가던 즉시로 송도군[宋道君, 鼎山]을 만나 대종사의 말씀을 전하였다. 도군 또한 숙연임을 크게 깨달아 말하기를 "나 역시 큰 원을 품고 수백 리를 정처 없이 왔으나 항시 마음에 무엇이 걸린 것만 같아 주소로 걱정하던 중 오늘에 불러 주시니 이제 영겁대사를 해결할 날이 왔습니다." 하며 멀리 사배를 올리고 즉시로 동행하려 하였다. 그러나 그 집 주인의 지극한 만류로 일시에 정의를 떼지 못하여 팔산과는 후약을 두고 갈리었다. 팔산이 돌아와 대종사께 그 사유를 고하니 대종사 미리 짐작하신바 있으신 듯하였다. 2, 3개월이 지나매 친히 팔산을 대동하시고 그곳을 찾아가 일숙하신 후 사제 겸 부자의 의를 맺으시고 말씀하시었다. "이 일이 우연한 일이랴. 숙겁 다생에 기약한바 컸었느니라." 대종사 정산을 영광으로 데리고 오시어 중앙 위에 오르게 하시고 수기를 주시어 제반 사무를 대행케 하시므로 8위와 일반 대중은 19세의 연소한 분이나 장형같이 숭배하며 받들었다.

> 『대종경선외록』 사제제우장 5~8절에서는 소태산과 정산의 제우는 소태산 대종사가 김광선를 대동하고 화해리 김해운의 집을 찾아가서 정산 송규를 만났으나[화해제우], 김해운의 만류로 몇 달 후에 다시 중로에서 만나 영광으로 오기로 한다[길룡제우]. 그런데 『대종경선외록』 자초지종장 1절의 화해제우와 영광제우 과정은 먼저 김광선 선진을 보내고 이후 소태산과 김광선이 함께 가서 정산 송규를 만나 같이 영광으로 오는 순서이다.

자초지종장 2절

대종사 초창 당시에 낮에는 일하여 회상 창립과 육신 생활을 하게 하시고 밤에는 진리를 연구하여 생사 대사를 해결하고 선을 하여 수양 공부에 전공케 하시었다. 하루는 대종사 대중의 심공을 시험해 보시기 위하여 친히 글 한 짝을 지어 주시며 이 글에 대꾸할 자 있느냐고 물으시었다. 대중 중에 감히 짝을 채우는 사람이 없으매 대종사 친히 짝을 채워 일러주시니 그 글은 다음과 같았다. '천지만물포태성天地萬物胞胎成 일월일점자오조日月一點子午調'

> 이 시구를 통해서 일원상과 사은의 관계를 엿볼 수 있다. 천지만물이 다 한 동포이며, 한 동포는 자타가 둘이 아닌 일원상의 발현이다. 일월성신과 풍운우로상설이 다 한 기운 한 이치로 모두 신령한 일원상의 작용이다. 천지만물 및 일월성신이 사은이요 사은은 일원상의 발현이요 작용이다. 이 시구는 『대종경』 전만품 2장에 등재된다.

자초지종장 3절

대종사 초창 당시에 김성섭을 데리시고 노루목에서 같이 밀을 베시다가 팔산에게 낫질을 멈추라 하시고 글 한 귀를 읊어 주시니 별안간 공기가 맑아지고 사방에 바람이 자면서 천지에 풍악이 진동하였다. 그 글은 다음과 같다. '호남공중하처운湖南空中何處云 천하강산제일루天下江山第一樓'

> 소태산 대종사의 고향인 호남에 대한 자평이다. 호남은 미래성을 담지한 곳이며 미래가치의 전망처이다. 이 시구는 『대종경』 전만품 2장에 등재된다.

교단수난장 1절

일제가 우리 초창기 교단을 간섭하기 시작한 최초의 고난은 길룡리에서 부터 시작되었다. 영산에서 방언공사를 하자 그들은 자금의 출처와 인부들의 노임 문제 간섭으로부터 시작하여 "너희들은 사가私家를 불고하고 이런 일을 하니 공산주의자들이 아니냐."고 따졌고, 박천자朴天子의 꿈을 꾸는 무리라 하고 9인 제자들은 구 판서를 시키려 한다고 트집을 잡으며 정산 종사가 지나가면 "영의정 간다."고 하면서 대종사를 여러 날 동안 심문하였다.

> 소태산 첫 번째 피체被逮 처는 영광경찰서이다. 영광 일대의 남도는 항일 의병운동이 치열했던 곳이었다. 그렇기에 일본제국주의는 이곳에 경찰권을 강화한다. 영광지방은 타지방보다 더욱 가혹한 헌병 통치에 시달렸다.

3. 『정산종사법어 鼎山宗師法語』

기연편 1장

원기2년 7월에 대종사께서 이 회상 최초의 단을 조직하실 제 먼저 8인으로 8방의 단원만 정하시고 중앙위는 임시로 대리케 하시며 말씀하시기를 "이 자리에는 맞아들일 사람이 있느니라." 하시고 기다리기를 마지아니하시더니, 드디어 정산 종사鼎山宗師를 맞아 중앙위를 맡기시느니라.

> 소태산 대종사가 정읍 화해리를 찾아가 정산 송규와 형제지의兄弟之義를 맺은 사건을 화해제우花海際遇라 한다면, 정산 송규가 영광 길룡리로 소태산을 찾아와 사제지의師弟之義 맺은 것은 길룡제우吉龍際遇라 할 수 있다.

기연편 2장

대종사께서 초창 당시에 몇몇 제자에게 글을 지으라 하시며 정산 종사에게는 '일원一圓'이라는 제목을 주시매, '만유화위일 천지시대원萬有和爲一 天地是大圓'이라 지으시니, 번역하면 만유는 일一로써 되고 천지는 크게 둥근 것이라 하심이러라.

> 대종사 초창 당시에 정산 종사에게는 일원一圓, 김성구에게는 성조成造, 오재겸에게는 방언防堰이라는 운자韻字를 주어 글을 짓게 하시었는데 세 분의 글은 이러하다.
> "만유화위일萬有和爲一 천지시대원天地是大圓"
> "춘하추동천조성春夏秋冬天造成 기초동량인사조基礎棟樑人事造"
> "정신일도해수방精神一到海水方 기력능축심단언氣力能築心團堰"

기연편 3장

원기4년 7월 26일(양 8월 21일), 최후의 법인기도 때에 대종사께서 9인에게 마지막 남길 말을 물으시니, 정산 종사 사뢰기를 "저희는 이대로 기쁘게 가오나 남으신 대종사께서 혹 저희의 이 일로 하여 추호라도 괴로우실 일이 없으시기를 비나이다." 하시니라.

> 이 법문의 현장은 '구간도실'이다.

기연편 6장

정산 종사 말씀하시기를 "내가 일찍 경상도에서 구도할 때에 간혹 눈을 감으면 원만하신 용모의 큰 스승님과 고요한 해변의 풍경이 눈앞에 떠오르더니, 대종사를 영산에서 만나 뵈오니 그때 떠오르던 그 어른이 대종사시요 그 강산이 영산이더라."

> 정산 종사, 정읍 화해리에서 영산 길룡리에 오시어 처음은 돗드레미 김광선의 집에 기거하다가 구간도실 준공 후는 낮에는 옥녀봉 토굴에서 저녁에는 8인 단원과 함께 구간도실에서 회합한다.

소태산 대종사, 영광 행가 및 법설

- 길룡지부
- 신흥지부

○ 소태산 대종사, 길룡지부 행가 및 법설

〈표〉 소태산 대종사, 길룡지부 법설

년도		월일(음)	소태산 대종사, 길룡예회 법설 상황	출처
시창 14년	1	8.26	• 법의문답: 종사주 문임: 재산성취법책財産成就法册과 현금전現金錢 다수를 양자간兩者間 하택何擇 문임: 재가선법과 교무부에 와서 하는 공부와 동하冬夏 6개월 입선入禪 공부등工夫等의 방식을 말하라. 문임: 인생과 금수禽獸의 차별差別	월말통신 제18호
	2	9.6	• 8월 26일 예회의 법의문답 설명 및 법의응강인法義應講人 등수: 종사주	월말통신 제19호
	3	9.26	• 종사주 밝으신 지도	
시창 15년	4	8.16	• 대종사주 법안 좌상에 등장 • 사은사요 법어낭독 및 의지해설: 전음광 • 보설: 종사주	월말통신 제31호
	5	8.26	• 최초법어 낭독 및 의지 설명: 전음광 • 각종 사업기관에 대한 문답: 송규 • 종사주 설법	
	6	9.6	• 사은사요 낭독: 전음광 • 강연 　금수禽獸와 인생의 구별처區別處: 송규 • 보설: 종사주	월말통신 제32호
	7	9.16	• 사람이 가정 간家庭間에 모든 책임을 지켜야 되다: 종사주 • 경계 처리하는데 복 짓고 죄 짓는 이유: 종사주	
	8	9.26	• 종사주 법설 중 '개인생활과 도덕사업' 낭독 　설명: 전음광 • 본회의 역사 낭독 및 의지 설명: 송규 • 법설: 종사주	
			• 법설 　개정제례改正祭禮의 유리함: 종사주	
	9	10.6	• 종사주 임석 • 사은사요 낭독 및 의지설명: 전음광 • 본회 역사 설명: 송규	월말통신 제33호

년도		월일(음)	소태산 대종사, 길룡예회 법설 상황	출처
시창 17년	10	10.6	• 종사주 법의문답 및 법설	월보 제41호
	11	11.6	• 법설 거미만 못한 새: 종사주	월보 제43호
시창 18년	12	12.16	• 종사주 법설	회보 제7호
시창 21년	13	양 8.30	• 종사주 법설	회보 제30호
	14	10.26	• 회보 소개: 송규 • 보설: 종사주	회보 제32호
	15	11.6	• 회보 소개: 조원선 • 종사주 설법	회보 제33호
	16	11.16	• 과정 설명 및 담임교무 회고 • 종사주 명철하신 설법	
	17	11.26	• 종사주 설법	
시창 23년	18	11.26	• '영육쌍전靈肉雙全'에 대한 법설: 종사주	회보 제50호

1. 월말통신 제18호 〈시창14년 기사리巳 8월분, 불법연구회〉

영광 길룡리 지회 삼예회 약록

시창14년 음 8월 26일

종사주 문問 "재산성취법책財産成就法册과 현금전현現金錢 다수를 양자간兩者間 하택何擇"

답인答人 급及 등수等數 △ 김동일 갑甲 △ 김순천 갑甲 △ 김홍철 갑甲 △ 신윤석 갑甲.

종사주 문問 "재가선법과 교무부에 와서 하는 공부와 동하冬夏 6개월 입선入禪 공부등工夫等

의 방식을 말하라."
답인答人 급及 등수等數 △ 신윤석 병丙 △ 김동일 을乙 △ 한규철 정丁 △ 최남경 무戊.
종사주 문問 "인생과 금수禽獸의 차별差別"
답안급등수별答案及等數 △ 김홍철 정丁 △ 김동일 병丙 △ 김로식 정丁 △ 오철수 정丁 △ 신윤석 정丁 △ 이원화 정丁.

인사 동정 급 소식
△ 법가法駕 8월 17일 남행열차로 향영광向靈光 출발하옵시와 방금方今 길룡리 영산정사에 유가留駕 중이시더라.

2. 월말통신 제19호 〈시창14년 기사ㄹㅌ 9월분, 불법연구회〉

영광지회 삼예회약록三例會略錄

9월 6일

본일 예회난 오전 10시에 송규씨의 사회로 개회하고 각항 순서를 밟은 후 종사주 법상法床에 올라서 거번去番 예회에 법의문답과 설명에 대한 기억력 유무를 알기 위하야 기시其時 법설의 강講을 받드시고 등수를 정定하여 주시며 이어서 문제에 대한 명료한 법설이 계시고 동同12시에 폐회하였으며, 태조사를 받아 등록하고 산회하니 당일 회요會要는 여좌如左.
1. 출석원 59인.
2. 법의응강인法義應講人 씨명氏名과 등수等數.
△ 이원화 무戊
△ 최옥순 정丁
△ 신윤석 정丁
△ 김순천 무戊

△ 오철수 병丙

△ 조갑종 을乙

△ 송벽조 을乙.

3. 월말통신 제19호 〈시창14년 기사ㄹㄷ 9월분, 불법연구회〉

9월 26일

본本 지부의 금반今般 기념일에서 일반이 본회의 사기념 의의를 자상히 안 후에 제사 기념으로 가입한 인원이 18인이요, 수합금이 18원90전이라. 오후 9시에 기념식을 거행할새 기념규례가 아직 본관으로부터 반포頒布가 되지 아니 하였기로 전례前例에 대개大槪 의방依倣하여 행行하니 각인各人의 선대봉관씨명先代封貫氏名 열위列位를 서괘書掛하고 주제인主祭人 씨명氏名을 열서列書 게재揭載하였으며 제반설비諸般設備가 풍부 정결하고 등촉燈燭이 휘황輝煌하더라.

1. 개식사
2. 기념설명
3. 공동예배
4. 묵도默禱
5. 성주聖呪 7편編
6. 제사 기념에 대한 감상담
7. 폐회의 순서로서 기념식을 원만히 거행하고 일반은 각자의 선대를 추모하는 동시에 위대한 사업을 건설토록 하시는 종사주의 밝으옵신 지도를 감복불이感服不已하고 화기애애리和氣靄靄裏 각종 식물食物을 분공分供하고 산회하니 기념비 총總 수입액이 18원19전인바 4원89전은 음식비로 소모되고 잔여의 13원30전은 상조부에 예입하였더라.

4. 월말통신 제31호 〈시창15년 경오庚午 8월분, 불법연구회〉

영광지부 삼예회록

8월 16일

본일本日은 단회일團會日이다. 오전 10시 정각을 따라 김광선 씨의 사회로 개회하니 금일은 1년을 우금于今것 두고 고대하옵든 대종사주의 법안法顔이 좌상座上에 나타나시매 일반의 회원은 대한大旱에 감우甘雨를 만남과 같이 환희歡喜 불이不已하였고 장내는 일층 정숙하였다. 다음은 사은사요의 법어를 전음광 씨 낭독하고 그 의지意旨를 해설하는 가운데 간간히 종사주께옵서 상세한 보설補說이 많이 계옵시고 차次에 송규 씨의 단규 문답으로써 정오 12시에 지至하여 오전부午前部를 필畢하고 정회停會하다. 오후 2시에 다시 속회續會하고 농창단農創團의 취지 설명과 단원 일기성적을 조사하고 폐회하니 당일 출석원出席員은 72인 이러라.

5. 월말통신 제31호 〈시창15년 경오庚午 8월분, 불법연구회〉

영광지부 삼예회록

8월 26일

본일本日은 예회이다. 오전 10시에 김광선 씨의 사회로 개회하고 처음 전음광 씨의 최초법어를 낭독하고 그 의지意旨를 설명한 후 다음 송규 씨의 각종 사업기관[서무부, 상조부, 농업부, 공익부]에 대하여 문답하고 일반회원으로 하여금 사업의 취지와 내두성취여하來頭成就如何를 각득覺得케 하였고 최후에 종사주의 설법이 계옵시니 청중의 정신이 일층 신선하였으며 외인外人 방청자까지 찬탄불이讚嘆不已하여 일대 성황리盛況裡에 폐회하고 태조사太調査를 받아 등록하다. 오후에 집합하는 회원을 따라 다시 회會를 개開하고 본회의 취지, 목적, 강령, 표어 등 문답으로 동同 4시까지 하고 폐회하니 당일의 출석원出席員은 75인이러라.

각지 상황

영광 근황

1. 본월本月 13일에 종사주께옵서 본 지부에 행차하시니 일반 대중의 환영리歡迎裡에 화기애애하였으며 기후其後로 근지회원近地會員이 매일에 경상래왕競相來往하야 희환청법喜歡聽法하오며 외인外人의 방문객이 또한 다수多數하더라.

인사 동정

△ 8월 12일

법가法駕 향영광向靈光 발정發程하는 동시同時 전음광 군이 배종陪從하였다.

[12~13일 1박 2일 신흥분회 예회. 13일 설법 후 길룡리 행가]

6. 월말통신 제32호 〈시창15년 경오庚午 9월분, 불법연구회〉

영광 삼예회록

9월 6일

본일本日 예회는 오전 10시에 송벽조 씨 사회로 개회하고 법어 중 사은사요四恩四要를 전음광 씨가 낭독하고 다음 '금수禽獸와 인생의 구별처區別處' 문제로 송규 씨가 강연하야 금수생활禽獸生活로 인생생활人生生活에 연락連絡하되 인생人生인 즉則 이행履行할 바 사은사요四恩四要가 유有함을 명료 설명하고 종사주께옵서 간간이 보설補說이 계옵서서 일반 청중은 상쾌한 정신과 협흡浹洽한 마음으로 동同 12시에 폐회하고 태조사太調査를 받아 등록하고 산귀散歸하니 당일 출석원出席員은 42인이러라.

7. 월말통신 제32호 〈시창15년 경오庚午 9월분, 불법연구회〉

9월 16일

본일本日은 예회 겸 단회일團會日이었다. 오전 10시에 조갑종 씨의 사회로 개회하고 전음광 씨 등석登席하여 법어 중 최초법어를 낭독하고 그 의지意旨를 대개 설명하고 금일은 중심衆心을 긴급히 효유曉喩할 이유가 유有함으로 단회에 대한 원세칙原細則 등 설명은 뒤로 미루고 종사주 법상法床에 오르시며 '사람이 가정 간家庭間에 모든 책임을 지켜야 된다'는 말씀과 또 '경계 처리하는데 복 짓고 죄 짓는 이유'를 일일이 설명하시니 청중은 특히 혼구병촉昏衢秉燭의 사상思想으로 환희불이歡喜不已하여 동同 12시에 폐회하고 태조사太調査를 받고 산귀散歸하였다가 오후 2시에 다시 회합會合하여 단원 일기 성적을 조사하고 일기 기재법記載法을 차례로 문답한 후 파회罷會하니 당일 출석원出席員이 45인이러라.

8. 월말통신 제32호 〈시창15년 경오庚午 9월분, 불법연구회〉

9월 26일

본일本日은 예회요 겸하야 본회의 추계 기념일이었다. 오전 10시에 조갑종 씨의 사회로 개회하고 전음광 씨 등석登席하여 전일前日 종사주 법설 편집 중 '개인생활과 도덕사업'의 부분을 낭독 설명하고 본회의 역사를 본 지부本支部에서는 아직도 한번 소개치 못하였음으로 송규 씨 등석登席하여 역사를 낭독하고 그 의지意旨를 대개 설명하고 최후에 종사주 법설이 계시사 일반 청중은 만장화기萬場和氣로 동同 12시에 폐회하고 태조사太調査를 받아서 오전부午前部를 마치고 오후 5시에 제사 기념식을 거행할 새 송규 씨의 식사式辭로 폐식하니 제사 기념에 가입인이 종사주 이하 합 27인이러라. 식式을 차차 진행한 후에 전음광 씨 제례개정祭禮改正의 원인을 설명하고 권대호 씨가 봉제위차奉祭位次를 따라 봉관씨휘封貫氏諱를 일일 소개하고 기념비 지출과 잔고殘高 공익 저금을 보고한 후 다음 종사주 법설이 계시여 개정제례改正祭禮가 여러 가지 방편으로 유리함을 밝히시니 일반 기념인은 일층 신선한 신성심信誠心이 독실하였으며 계차繼次에 풍요豐饒한 식찬물食饌物을 분分하고 성황리에 파회罷會하니 당일 출석원出席員 82인이러라.

9. 월말통신 제33호 〈시창15년 경오庚午 10월분, 불법연구회〉

영광지부 삼예회록

10월 6일

본일本日 예회는 오전 10시에 송벽조 씨 사회로 개회하고 전음광 씨 등석登席하여 법어 중 사은사요를 낭독하고 그 의지義旨를 대개 설명하여 일반 청중의 정신을 상쾌케 하고 다음 송규 씨가 본회 역사를 설명하니 종사주를 모시고 참좌參坐한 청중은 일제히 감분지한感奮之恨을 띠여 비희悲喜 겸생兼生한 기분氣分으로 동同 12시에 폐회하고 태조사太調査를 받은 후 산귀散歸하니 당일 출석원出席員은 56인이러라.

인사 동정

△ 종사주께옵서는 향向 8일에 영광지부로부터 환관還館하옵셨다가 동同 17일에 다시 상경上京하옵셨고 11월 4일에 다시 환관還館하옵시니 박사시화가 배종陪從하였더라.

10. 월보 제41호 〈시창17년 임신壬申 10월, 불법연구회〉

영광지부

10월 6일

오늘 예회는 송규 씨 사회 하 오전 10시 출석원出席員을 점명点名하니 남녀 합 38인이라. 인因하여 예회 순서를 밟은 후 종사주께옵서 친히 법좌法座에 오르사 김기천, 이공주 양인兩人으로 더불어 간명한 법의문답法義問答이 있은 후 겸하여 많은 법설이 계옵시니 일반 청중은 오랫동안 굶주리든 자모慈母의 법유法乳를 맛봄과 같이 환희용약함을 금치 못하는 중에 폐회를 선언하니 시時난 정오 12시러라.

각지 상황
영광지부
영광 대중의 오랫동안 사모지절思慕至切하옵든 법가法駕 내임來臨하옵시고 겸하야 일원一願 상견相見하든 이공주 선생과 영식令息 박창기 군이 배종陪從하여 일반의 환희는 실로 무량한 느낌이 있으며 임원 일동과 부근 회우會友들은 농가農家 추사秋事의 분망奔忙함에도 불구하고 조석朝夕 혹 공간시空間時를 이용하야 자주 법석法席에 참예參詣하여 낙도樂道의 세월을 보내는 중이외다.

인사 동정
△ 5일 종사주께옵서 영광 행차하옵신데 이공주 씨 박창기 군 모자분이 시위侍衛 배종陪從하다.

인사 동정(월보 제42호 〈시창17년 임신壬申 11월〉)
△ 8일 법가法駕 영광지부로부터 환관還舘하였다가 21일 오후 3시 차로 경성지부에 발가發駕하시다.

11. 월보 제43호 〈시창17년 임신壬申 12월, 불법연구회〉
11월 6일
오늘 예회는 정오 12시 이동안 씨 사회 하 개회하고 출석원出席員을 점명点名하니 남녀 합 61인이러라. 인因하여 예순例順을 밟은 후 송도성 씨의 '참으로 영리한 사람'이라는 제題와 송규 씨의 '육도초월六途超越'이라는 제題의 강화講話가 있었으며 끝으로 종사주께옵서 친히 법좌法坐에 오르시사 '거미만 못한 새'라는 제題로 장시간 선음법설仙音法說을 시試하옵시니 만좌청중滿座聽衆이 환희용약歡喜勇躍하여 혼연渾然히 일단태화원기一團太和元氣의 중에 처해 있음 같더라. 오후 2시에 폐회하다.

12. 회보 제7호 〈시창19년 2월호, 불법연구회〉

영광지부 (음 12월분)

회일會日	전후	개회시	폐회시	출석원	주요행사	사회자	연사
시창18년 12월 16일	오전	10	12	101	종사주 법설	송도성	송벽조

13. 회보 제30호 〈시창21년 11·12월호, 불법연구회 총부〉

영광지부

△ 8월 30일(일요일)

본일 예회는 이군일 씨의 사회 하 각항 순서를 마치고 '도덕과 법률'이란 제題로 송도성 씨의 강연과 종사주의 법설이 계신 후 폐회하다.

인사 동정(회보 제29호 〈시창21년 10월호〉)

△ 8월 26일 법가 영광지부 행차하옵신바 배종인은 김광선 씨더라.

14. 회보 제32호 〈시창22년 2월호, 불법연구회 총부〉

영광지부

△ 12월 9일(시창21년 10월 26일)

본일 예회는 송규 씨 사회 하 제반 순서를 마친 후 동씨의 회보 소개가 있었으며 다음은

종사주의 밝으옵신 보설이 계시옵고 또한 조송광 씨 등단하여 '지방회원의 상황 보고와 자신 회고'란 제題로 강연을 마친 후 불은미를 보고하고 폐회하다.

인사 동정(회보 제31호 〈시창22년 신년호〉)
△ 12월 2일 법가 김제 영광지부 행차하옵신바 배종인은 박대완 김정종 양씨兩氏러라.

15. 회보 제33호 〈시창22년 3월호, 불법연구회 총부〉
영광지부
△ 12월 19일(시창21년 음 11.6)
본일 예회는 송규 씨 사회 하 제반 순서를 진행한 후 조원선 씨의 회보 소개와 종사주의 설법이 계시옵고 선서문 낭독을 마친 후 폐회하다.

16. 회보 제33호 〈시창22년 3월호, 불법연구회 총부〉
△ 12월 29일 (시창21년 음 11.16)
본일은 예회 겸 동선 결제일이다[초6일이 결제일이었던바 공회당 건축사로 인하여 금일로 연기하였음]. 신축한 강당 내에 300여 명의 다수 회원이 운집하여 송규 씨의 식사[사회]로 제반 식순을 마치고 과정 설명 급及 담임교무 회고가 있었으며 종사주의 명철하신 설법이 계시옵고 다음으로 김형오 씨의 축사와 임준창 씨의 답사로써 폐식한 후 기념촬영을 하다.

17. 회보 제33호 〈시창22년 3월호, 불법연구회 총부〉
영광지부
△ 1월 8일(시창21년 음 11.26)
본일 예회는 송규 씨의 사회 하 각항 순서를 밟은 후 김형오 씨의 회보 소개와 종사주의

설법이 계시옵고 폐회하다.

18. 회보 제50호 〈시창23년 12월호, 불법연구회 총부〉
△ 11월 26일

본일 예회는 박제봉 씨 사회 하 출석원을 점명하니 합 171인이었다. 예행 순서를 밟은 후 종사주께옵서 '영육쌍전靈肉雙全'에 대한 법설이 계시옵고 폐회하다.

○ 소태산 대종사, 신흥지부 행가 및 법설

〈표〉 소태산 대종사, 신흥지부 법설

법설 시기		설법 제목	출처
1	시창14년 음8. 18	예회 겸 단회	• 종사주 설법	월말통신 제18호
		야회	• 종사주 하문: 각자 재가에 어떻게 공부를 하는가?	
2	시창15년 음8. 13		• 설법: 각자의 선생을 뵈오라.	월말통신 제31호
3	시창21년 음11. 28	예회	• 설법: 세상은 곧 경전이다.	회보 제33호

1. 월말통신 제18호 〈시창14년 기사己巳 8월분, 불법연구회〉

영광 신흥분회 삼예회 약록

8월18일

본일本日은 예회요, 겸兼 단회였다. 작일昨日 신촌新村 이재철씨 가家에 유숙留宿하셨던 법가法駕를 환영歡迎키 위하여 일반은 준비에 분주하였다. 오전9시경에 다수회원의 배종陪從으로 법가法駕 본관에 입入하옵시니, 장내에는 일층一層더 긴장미를 띠게 되었고 부노휴유扶老攜幼하고 벌써 와 기다리던 수십 명 남녀 대중의 면상에는 감출 수 없는 기쁜 빛이 넘치더라. 일동은 근엄리謹嚴裏 배알拜謁의 예禮를 필畢한 후 동同10시가 되자 조원선씨 등단하여 개회의 지旨를 고告하고 인因해 회서會序를 진행하다가 종사주께옵서 고상명철高尙明哲한 법설이 계옵시와 일반학도一般學徒의 혼암昏暗한 정신을 경성警醒하옵시니, 차일此日의 흔희欣喜야말로 여기서 더할 수 없으며 차일此日의 광영光榮이야말로 본本 분회分會 설립 후 처음이라 하겠더라. 당일 회요會要는

1. 출석원 35인

2. 연제演題와 연사演士

  (가) 단규 원칙 설명 / 송규

당일 야회는 30여명 출석원이 있었는데 종사주께옵서 좌左와 여如한 문제로 하문下問하신 바 있었더라.
「각자 재가에 어떻게 공부를 하는가?」
〈답인答人: 조원선, 진광신, 이형국, 조갑종, 이완철, 이천갑〉

2. 월말통신 제31호 〈시창15년 경오庚午 8월분, 불법연구회〉

신흥분회 근황
금월今月 12일 종사주께옵서 하가下駕하옵시와 일야一夜 유숙留宿하옵시고 익일翌日인 13일에 「각자의 선생을 뵈오라」는 고상한 설법을 시試하시니 암암칠야暗暗漆夜에 등촉燈燭을 얻은 듯 일반의 안상顔上에 희색喜色이 가득하였다.

3. 회보 제33호 〈시창22년 3월호, 불법연구회〉

신흥지부
△ 1월 9일
본일은 오전 10시에 김형오씨 사회 하 제반 순서를 진행하고 동씨의 신년 회보 중 계룡산 탐승기 낭독 설명이 있은 후 「세상은 곧 경전이라」는 제題에 대하여 종사주의 밝으옵신 설법이 계시옵고 폐회하다.

Ⅲ

영산성지 12마당

1. 구세성자 오시었네 – 탄생

물질이 개벽되는 새로운 시대를 건지실 책임을 지신 구세성자救世聖者 소태산 대종사, 1891년 5월 5일(음 3.27) 전남 영광군 백수읍 길룡리 구수산 자락의 상여봉과 옥녀봉 아래 산중 갯벌마을 영촌에서 탄생하시었다. 기상이 늠름하고 도량이 활달하였으며 특히 사물을 대할 때에 주의심이 깊었고 한 번 하기로 결심한 일은 반드시 실행하시었다.

2. 의심이 걸리셨네 – 발심

7세경부터 하늘의 변화를 비롯하여 가까이 인간 생활에 이르기까지 모든 일과 이치에 의심을 내시어 사색에 잠기시니, 그 후 계속된 이 의심 공부가 뒷날에 큰 도를 깨닫게 된 뿌리요 새 세상을 책임지고 구제할 성자聖者의 기틀을 잉태한 것이다.

3. 산신령은 아실거야? – 구도

11세 때 문중門中 시제時祭에 참석하시었다가 산신령을 만나면 모든 의심을 풀 수 있다는 말을 듣고 날마다 동네 뒷산 삼밭재 마당바위에 오르시어 간절한 정성으로 기도하기를 만 4년간 계속하시니, 이때 비록 산신령은 만나지 못하였으나 이 지극한 원력願力이 뭉치고 뭉쳐 자연 마음 통일에 큰 도움이 되었으며, 새 세상을 책임지고 구제할 성자의 기틀이 다져진 것이다.

4. 도사님 아니신지요? – 구사

15세에 결혼하시어 16세 되던 새해 처가에 인사 가셨다가 고대소설 속의 주인공이 도사道士를 만나 소원을 이루었다는 이야기를 들으시고, 소설 속의 도사와 같은 스승을 만나 모든 의심을 풀리라 작정하시어, 이후 스승 찾아 온갖 고생하시기를 6년이나 계속하셨지만 때가 묵은 세상의 끝인지라 뜻을 이루지 못하신다. 그러나 이때의 간절한 정성이 어리고 어리어서 뒷날에 스스로 새 세상을 책임지고 구원할 큰 스승이 되시었다.

5. 우두커니가 되시다 – 입정

원하는 일이 뜻대로 이루어지지 않으므로 22세경부터는 '이 일을 장차 어찌할꼬?'라는 하나의 큰 의심 아래 때로는 우연히 솟아오르는 주문도 외우시고 때로는 명상에 잠기시다가 24세 이후로는 그 한 생각마저 다 잊으시고 큰 정定에 드시니, 이는 크고 원만한 진리를 깨닫는 열쇠가 되었다.

6. 드디어 대원정각大圓正覺을 이루시다 – 대각

의심을 풀려는 서원에 따라 적공하고 적공하던 중 26세 되시던 1916년 4월 28일(음 3.26) 그동안의 모든 의심이 다 풀리어 마침내 우주의 큰 이치와 인생의 바른길인 '일원상의 진리[○]'를 크고 원만하게 깨달으시니, 드디어 새 세상을 책임지고 구제할 주세성자가 되시었다. 이로부터 어두워진 진리의 등불은 거듭 밝혀지고 쉬어있던 법의 수레바퀴는 다시 힘차게 굴려지었다.

7. 물질이 개벽되니 정신을 개벽하자 – 교화표어 선포와 첫 설법

크고 원만한 깨달음을 이루신 주세성자 소태산 대종사, 새로운 안목으로 당시 사회와 세상인심을 살펴보시고 무엇보다도 도덕을 크게 일으키는 일이 급선무임을 느끼시어, '물질이 개벽되니 정신을 개벽하자'는 '교화표어'를 선포하시고, 새 세상을 건설할 처방으로 '최초 법어'를 설하시었다.

8. 교화의 첫발을 디디시다 – 10인 1단 조직

처음 믿고 따르는 40여 명 가운데 가장 진실하고 신심 굳은 아홉 명을 창립의 표준 제자로 선정하시고, 1917년(원기2년) 음력 7월 26일, 이 세상 모든 사람을 두루 교화할 십인 일단十人一團의 단 조직 방법을 제정하시어 스스로 하늘을 상징하는 단장이 되시고 정산 종사는 땅을 상징하는 중앙으로 여덟 분 제자는 팔방을 상징하는 단원으로 하는 '원불교 최초의 교화단'을 조직하시었다. 열 사람이 1단이 되는 이 교화단은 펴서 말하면 시방을 대표하고 거두어 말하면 시방을 한 몸에 합한 이치로서, 단원들은 정기로 10일마다 예회[원불교 법회의 비롯]를 가지며, 성계명시독誠誡名時讀이라는 일기를 써서 마음공부를 시작하였다.

9. 티끌 모아 태산이라 – 저축조합 운동

1917년(원기2년) 가을 여덟 제자와 더불어 '저축조합'을 조직하여 금주단연禁酒斷煙·근검절약·공동노동·보은미 저축報恩米貯蓄·허례폐지 등의 실천덕목을 정하여, 절약하여 모은 자금을 조합에 저축케 하니, 이는 수고 없이 복을 구하려는 태도를 바꾸어 실생활을 유익하게 살리는 운동이며, 작은 것부터 실천하여 큰 것을 이루어 가는 이소성대以小成大 훈련으로써 사실적으로 복을 구하는 길을 보여주신 것이다. 이것이 정신개벽을 위한 첫 교화사업이었다.

10. 어기영차! 갯벌을 막아 농토를 만드세 – 방언공사

저축조합을 통하여 모은 자금으로 1918년(원기3년)부터 만 1년 동안 마을 앞 개펄을 막아 3만여 평의 논을 만드시니, 이는 농토가 전혀 없던 길룡리 사람들의 오랜 소망을 이루어낸 공익公益사업이요, 현실적으로 복을 구하는 방법을 가르쳐 주신 사실적인 훈련이며, 경제력이 없는 사람들의 공동 노동과 출자에 의한 경제자립 운동이었다. 또한 원불교의 정신·육신·경제의 기초를 닦을 뿐 아니라 도학道學과 과학科學이 함께 꽃피는 참 문명 세계의 표본標本이 될 영육쌍전靈肉雙全·이사병행理事竝行·동정일여動靜一如의 큰 가르침을 보여 주신 것이다.

11. 세상을 위해서라면 죽어도 여한없어라 – 법인기도

　1919년(원기4년) 3·1 만세 운동이 일어나자 일대 변혁의 기운을 감지하시고 아홉 제자에게 "만세 소리는 개벽을 재촉하는 상두 소리[묵은 시대의 장송곡이요 새 시대를 일깨우는 첫소리]이니 어서 방언 마치고 기도하자" 하시더니 음 3월 26일부터 세상을 위해 몸 바칠 것을 다짐하는 산상기도山上祈禱를 구수산 일대 아홉 봉우리에서 올리게 하였다. 음 7월 26일! 아홉 제자, 세상을 위해서 기꺼이 목숨을 바치겠다는 결의로 흰 종이에 맨손으로 지장을 찍으니 그 자리에 핏빛이 어리었다. 이 백지혈인白指血印은 법계로부터 '물질'이 개벽되는 새로운 시대에 '정신'을 개벽하여 세상을 구제하라는 허락[法認聖事]이요, 세상을 위해 털끝만 한 사심私心도 없는 헌신[無我奉公]으로, 새 세상의 주인으로 거듭 태어나게 하심이다.

12. 여기는 정신개벽의 요람搖籃이어라 – 영산원 건설

　1918년(원기3년) 겨울부터 구수산 옥녀봉 아래에 '최초의 교당'을 짓기 시작하여 1919년(원기4년) 초에 준공하니, 아홉 칸을 막았다 하여 구간도실九間道室이라 불렀다. 1923년(원기8년) 익산 총부를 공개하기 한 해 전에 창립 정신의 산실인 구간도실을 돛드레미로 옮겨 3동으로 확장해서 짓는다. 이때 가운데 건물을 '영산원靈山院'이라 이름하니, 이는 '물질'이 개벽되는 시대에 '정신'을 개벽하는 요람을 신령한 땅, 영광 이곳에 다시 새롭게 연다는 뜻이다. 또한 1932년(원기17년)에 영산원 옆 건물인 학원실에 원불교 최초의 교육기관인 '영산학원'을 열어 훈련으로 정신개벽의 일꾼을 기르는 '교육 성지'로 가꾼다. 이처럼 '영산원'은 참 문명 세계를 열어 기르는 '요람'인 것이다.

IV

사진으로 보는
영산성지 순례길

1. 영촌 탄생가 도량 – 은혜의 보금자리

탄생가 큰방
소태산 대종사, 4세시 아침식사 때 아버지 밥상의 밥을 덜어먹으니 아버지로부터 혼나야겠다는 말에 아버지가 혼내시면 아버지를 먼저 놀라게 하겠다고 했던 안방이다.

탄생가 전경

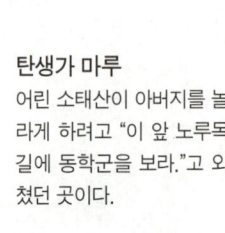

탄생가 작은 방과 광
소태산의 부친이 일을 하고 낮잠을 잤던 사랑舍廊으로 여겨지는 방이다.

탄생가 마루
어린 소태산이 아버지를 놀라게 하려고 "이 앞 노루목 길에 동학군을 보라."고 외쳤던 곳이다.

영촌 탄생가와 마당(뜰)은 소태산 대종사 어린 시절의 품성과 부모님의 은혜가 깃든 부모은의 산실이어라.

탄생가 뒤뜰과 대숲
소태산 대종사 부친이 '노루목에 동학군이 나타났다'는 어린 소태산의 외침에 놀라 숨었던 곳이다.

탄생가 뒤뜰과 감나무
소태산 대종사 10세 무렵 서당에 다닐 때 동짓날 훈장이 소년 소태산의 집안 뜰에서 생산되는 튼실한 감을 선물하지 않는다하여 동짓날 다른 아이는 팥죽을 주면서 소년 소태산에게는 팥죽을 주지 않는 차별을 한다. 소년 소태산은 이러한 교육을 단호히 거부한다.

탄생가 부엌, 삼령기원의 후원처
소년 소태산은 서당에 다니기 보다는 삼밭재 마당바위에 올라 가슴 속에 품은 의심을 해결하기 위해 정성을 다해 산신령에게 의심이 해결되도록 묻고 묻는다. 소태산의 어머니는 이러한 행위를 처음에는 말렸으니 그 정성에 감복되어 형편이 되는 데로 백설기 등을 준비해 산신기도를 후원한다.

영촌 탄생가와 우물

2. 옥녀봉 오르는 길 – 의심을 내신 발심의 길

탄생가에서 바라본 옥녀봉의 하늘과 구름
옥녀봉 기슭에서 바라보는 하늘은 관천기의상觀天起疑相의 현장이다.

옥녀봉 일원상과 하늘
옥녀봉의 하늘을 보시고 의심을 내시어 일원상을 품으시다.

옥녀봉 오르는 길, 의심의 길

옥녀봉 하늘을 보시고 모르는 것을 알고자 하는 의심을 내시다.
옥녀봉 오르는 길은 '의심의 길'이다.

옥녀봉에서 바라본 법성포
법성포는 어린 시절부터 소태산의 마음에 울려 퍼진 문명의 큰 메아리였다.

**옥녀봉에서 바라본
와탄천과 촛대봉**

3. 삼밭재 가는 길 – 삼령기원의 길, 신분의성의 길

영촌 탄생가에서 상여봉 자락을 따라 독다리를 거쳐 구호동을 지나 개암골에 들어 큰골 정자나무 샘터에 이르러 잠시 쉬었다가 삼밭재 마당바위에 오르는 이 길은 신분의성信忿疑誠의 길이다. 소태산 대종사 어린 시절 의심을 해결하기 위해 이 길을 오르시고 오르신다. 삼밭재 마당바위는 삼령기원상參嶺祈願相의 터전이다. 소태산 대종사, 삼밭재 마당바위에서 산신령에게 기도올린 인연으로, 결국 대각을 통해 산신령의 정체를 밝히신다.

삼밭재 마당바위
삼밭재 마당바위는 삼령기원상參嶺祈願相의 현장이다.

삼령기원상의 발심지. 마읍리 북종산 선산
소태산 대종사 11세 되시던 해 음력 10월 15일 영광군 군서면 마읍리 북종산 선산(마읍제 아래)에 가시어 선조에 제사 지내기 전에 산신에게 먼저 제사 지내는 것을 보시고 그 연유를 물으니, 산신령은 이 묘소가 있는 산의 주권지라 이 주권지의 주제자인 산신山神에게 먼저 제사 한다는 말을 듣고, 신령하고 조화의 능력이 있는 산신에게 알고자 하는 의심을 묻기로 발심한 장소이다.

삼밭재 가는 기도길...

영촌 탄생가에서 삼밭재 가는 길
'영촌 탄생가-영촌마을-독다리-구호동-개암골-큰골 정자나무와 샘터-삼밭재-삼밭재 마당바위' 코스로 11세부터 15세까지 의심해결을 위해 이 길을 따라 오르고 올라 산상기도하시다.

4. 스승 찾아 나선 구사고행의 길

구호동 옛집

구호동 집터와 밤나무골봉

구호동 집터에서 출타하는 구사고행의 길

소태산 대종사는 구호동 집에서 의심을 해결해 줄 스승을 찾아 구사고행의 편력[구사고행상求師苦行相]을 나선다.

구호동의 수양버들 고목

구호동 집터는 소태산 대종사의 구도를 뒷바라지 한 부정父情이 깃든 부모은의 터전이요 구사고행상求師苦行相의 중심지이다. 소태산 대종사, 이곳을 나서시어 의심을 풀어줄 스승을 찾는 구도의 길을 내왕하시다. 소태산 대종사, 끝내 이 구도의 길에서 사람이라면 마땅히 밟아가야 할 사람의 길[人道]을 찾으시다.

소태산 대종사 처가, 홍곡리 집터

소태산 대종사 처가 입구

대씨 종가 댁(소태산 대종사, 고대소설을 들은 곳으로 추정되는 곳)
소태산 대종사는 처가인 홍곡리에서 고대소설 조웅전과 박태보전을 듣고 도사를 만나 의심을 해결하겠다는 발심을 한다. 곧 홍곡리는 구사고행상의 발심지이다.

5. 귀영바위 심사미정心事未定의 길

심사미정心事未定 상태의 소태산 대종사, 흙구덩이 터인 귀영바위 주막에서 귀영바위굴로 내왕하며 떠오르는 주문을 외우시다.
"우주신 적기적기"
"시방신 접기접기"
"일타동공일타래 이타동공이타래 …… 십타동공십타래"

흙구덩이 터 인근,
귀영바위 주막 터

주송 수행처,
귀영바위 굴

소태산 대종사,
21세 시 이곳 귀영바위 집에서 탈이 파시로 장사 다녀오시다.

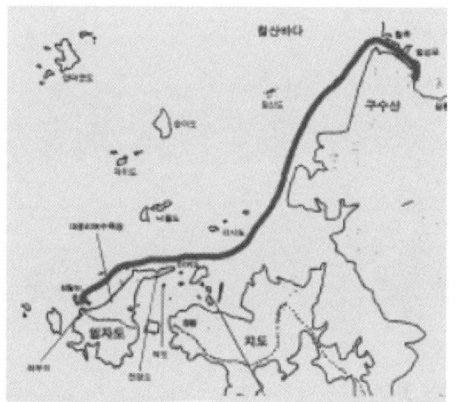

탈이 파시 가는 뱃길
법성포에서 칠산 바다를 지나 신안군 임자도 탈이섬에 이르는 뱃길이다. 맑은 날이면 삼밭재 일대의 구수산 봉우리에서 칠산 바다가 아른거린다.

구수미에서 바라본 법성포
구수미 포구 건너 법성의 백제불교 최초도래지가 보인다. 소태산은 법성포 포구에서 배를 타고 이곳을 지나 탈이섬에 도착한다.

대광해수욕장에서 바라본 탈이섬
청년 소태산, 처화는 21세시 부친이 남긴 빚을 갚기 위해 신안군 임자면 탈이섬(지금의 대태이도)의 파시에 가시어 3개월 동안 뱃사람들에게 식량 등 물자를 대주고 그들이 잡아온 고기를 받아 장사꾼에게 넘기어 상당한 벌이를 하여 채무를 상환한다. 이 당시 소태산은 귀영바위 굴에서 주송했던 '시방신접기접기' 등의 주문을 지성으로 독송수행한다. 소태산의 독송은 뱃사람들의 안전을 기원하는 축원이었으며 안심을 주는 위로였다.

6. 선진포 가는 입정의 길

노루목에서
선진포 가는 옛길

선진포 입정비(앞면)

선진포 입정비(뒤면)
이곳 선진포 나루에서 소태산 대종사는 법성 장에 가는 것도 잊고 한나절 장승처럼 우두 커니가 되시다. 선진포는 강변입정상江邊入 定相의 현장이다.

한 때 고창 연화봉 초당에서 수양에 매진하신 이후 수양하는 것마저도 다 내려놓으시고 적묵에 잠기시었다. 어느 때는 폐가가 된 귀영바위 집터에서 볼일을 보시다가도 또는 노루목 초가에서 아침식사를 받고서도 문득 입정에 드시었다. 노루목에서 선진포로 가는 옛길을 따라 선진포 나루에 이르러 우두커니가 되어 깊은 입정에 드시다.

선진포 정자나무와 강변입정터

선진포에서 바라본 와탄천
와탄천을 따라 내려가면 한시랭이, 큰 소드랑 섬, 작은 소드랑섬, 응암바위, 은선암 등을 지나 법성포에 이른다. 선진포 건너편은 대덕산 자락의 고법성인 입암리이다.

7. 노루목, 대각의 길

소태산 대종사 대각터
노루목 대각터는 소태산 대종사, 병진 3월 26일 대원정각大圓正覺을 이루신 장항대각상獐項大覺相의 현장이다.

만고일월비
소태산 대종사의 대각을 기념하여 세운 최초의 비이다.

노루목 옛길과 느티나무
노루목은 선진포 또는 구수미 장에 가는 길목이었다.

노루목 초가삼간 터
이곳에서 깊은 입정에도 잠기더니 드디어 출정하여 대각을 확인하신 곳이다.

> 노루목 이 길에서 큰 도를 품으시고 노루목 이 길에서 둥근 진리 크게 깨달으시다.

노루목 고인돌
노루목은 선진포나 구수미 장에 가는 도중 다리쉼을 했던 곳이다. 소태산 대종사가 출정 후에 깨달음을 확인하는 계기가 되었던 동경대전이나 주역을 문답했던 행인들도 이곳 느티나무나 팽나무 아래 또는 고인돌에서 다리쉼을 한 것이다.

일원상 대각탑
소태산 대종사, 출정 후 뜰 앞을 두루 배회하였던 도량이다.

노루목 샘터
바랭이네 이원화가 소태산의 득도를 위해 정화수를 떠놓고 빌었던 곳이다.

8. 돛드레미 최초설법의 길

이씨세장산비

'최초법어' 설법처, 이씨 제각(앞면)

이씨 제각(뒷면)

노루목에서 돛드레미로 가는 이 길에서 '물질이 개벽되니 정신을 개벽하자' 외치시고, 돛드레미 이씨 제각 이곳에서 '최초 법어'를 설하시다.

팔산 김광선의 집터
이씨 제각은 소실되었으나 남아 있는 부속 건물로 그 위치를 짐작할 수 있다. 이 건물 옆[하우스 자리]에 팔산 김광선의 집이 있었다.(길룡리 58)
김광선의 집은 중앙 단원 송규가 영산을 찾아 소태산과 사제지의師弟之義를 맺을 때 처음 머문 곳이요 소태산의 명에 의해 김광선이 법의대전을 소각한 곳이다.

법의대전 숨긴 곳 및 소각터, 애기바위
소태산 대종사로부터 법의대전을 소각하라는 명을 받은 김광선은 집 뒤의 일명 애기바위라 불리는 곳에 법의대전 두 권 중 한 권을 숨겼다가 결국은 소각한다.

9. 정관평 방언防堰 길

정관평 전경
큰 언답과 작은 언답인 제1차 방언답은 영산방언상靈山防堰相의 현장이다.

정관평 큰 언답

방언둑길

정관평 작은 언답과 보은강

정관평 작은 언답

소태산 대종사, 8인 제자와 함께 이 둑길 따라 제방堤防을 쌓아 갯벌을 옥토로 만들어 지역의 이웃에게 서로 도움이 되는 길을 열어 주시다.

정관평 수확을 앞두고
영광지부 작농부 일동

정관평 제명바위

정관평 제명바위 모형비

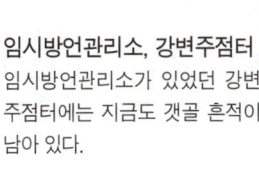

임시방언관리소, 강변주점터
임시방언관리소가 있었던 강변 주점터에는 지금도 갯골 흔적이 남아 있다.

10. 9인기도봉 오르는 법 인기도의 길

구간도실에서 9인기도봉 산길을 오르시어 천의를 감동시키고 창생을 제도할 책임을 받는 서원을 올리시다.

구간도실 터 전경
구간도실 터는 창생을 위해 죽어도 여한이 없다는 사무여한死無餘恨의 서원을 올린 혈인법 인상血印法認相의 현장이다.

백지혈인
상징물

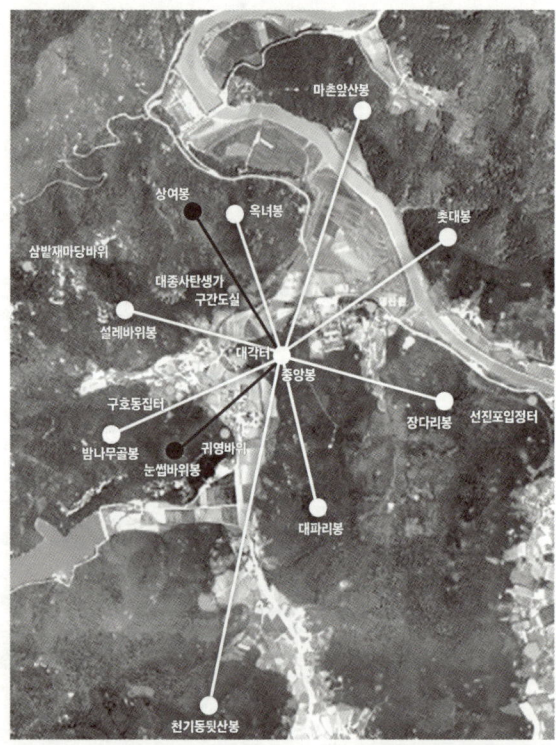

9인기도봉 위치도

9인기도봉 전경

9인기도봉 표석

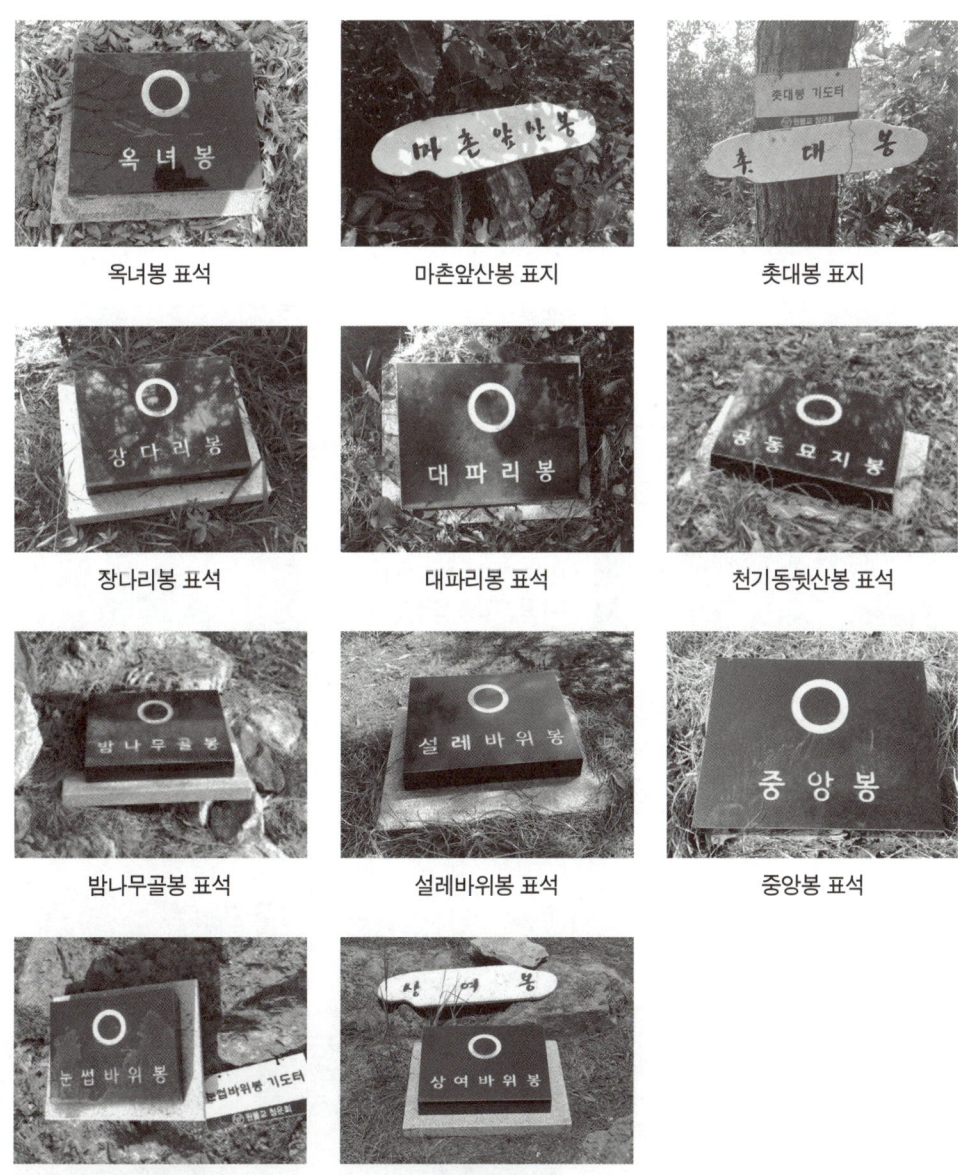

옥녀봉 표석

마촌앞산봉 표지

촛대봉 표지

장나리봉 표석

대파리봉 표석

천기동뒷산봉 표석

밤나무골봉 표석

설레바위봉 표석

중앙봉 표석

눈썹바위봉 표석

상여봉 표석

11. 9인합동기도봉인 중앙봉 오르내리는 법명의 길

9인 선진은 소태산 스승님의 명에 따라 구간도실에서 중앙봉에 오르시어 합동으로 법인기도의 서원을 일심으로 뭉치시고, 오르시었던 길을 따라 다시 구간도실로 내려오시어 소태산 스승님으로부터 세계의 공명인 법명을 받으시다.

중앙봉 오르는 길, 법명의 길
구간도실에서 중앙봉에 올라 9인 단원이 합동으로 기도 올리고, 다시 내려와 구간도실에서 소태산 대종사로부터 법명을 받게 된다. 구간도실에서 중앙봉에 올라 법인기도를 올린 뒤 다시 내려와 소태산 대종사의 법문을 받드는 과정이 곧 법명을 받는 '법명의 길'이다.

중앙봉 기도터 표석

9인합동기도봉, 중앙봉
중앙봉은 노루목 길목에서 산등성이를 따라 오르면 이르는 노루봉이다. 이곳에서 9인 단원은 단장인 소태산의 명에 따라 중앙 송규를 중심으로 함께 법인기도를 올린다. 그러므로 중앙봉은 9인 합동기도봉이다.

12. 영산원 도량 길

영산원 도량 전경

학원실
원기12년(1927) 최초의 인재 양성소로 영산학원을 예비한다. 정묘동선을 기점으로 영산학원 설립 의지가 태동하여 공식적으로 원기17년(1932)에 영산학원은 설시設始된다. 1대 학원장으로 정산 송규 교무가 6년, 2대 학원장은 주산 송도성 교무가 4년, 다시 3대 학원장에 정산 송규가 오시어 4년, 4대 학원장으로 주산 송도성이 다시 오시어 3년 역임한다. 정산과 주산이 각각 10년과 7년을 학원장으로 역임한다.

영산원
회상창립을 활발하게 논의하던 중인 원기8년(1923) 음력 7월 15일 소태산 대종사는 모친상을 당한다. 이때 문상차 제자들이 길룡리로 모이게 된다. 그런데 많은 사람이 모이므로 옥녀봉 아래의 구간도실이 너무 좁아 많은 대중을 수용하기가 불편하고, 터가 누습한데다 위치도 구석진 데 있어 구간도실을 옮겨 짓기로 하여 돛드레미 산기슭으로 이전하게 된다. 그해 음력 9월경(양력 11월경)에 열 칸짜리 한 채와 여덟 칸짜리 초가 두 채를 완공한다.
이때 지은 3채 가운데 10칸 한 동은 구간도실을 뜯어다가 이를 약간 개조하여 '영산원'이라 이름한다.

식당채 터

식당채 옆 장독대

구간도실을 옮겨 가운데에 10칸 한 채를 짓고 영산원이라 하고, 좌우로 8칸 초가 두 채를 짓는데, 좌측 건물이 현재의 학원실(ㄴ형) 건물이며, 오른쪽 식당채(ㄱ형) 건물은 화재로 소실되어 빈 터로 통행 마당이 되었다.

옥녀봉 아래에 건축했던 구간도실을 원기8년 이곳 돛드레미에 옮겨 짓는다. 가운데 건물을 중심으로 왼편에 학원실 오른쪽에 식당채를 짓는다. 가운데 건물을 이후 영산원靈山院이라 고쳐 부른다. 이곳은 영산성지와 정관평을 관리하는 영산성지 사무소와 길룡리 삼예회를 열었던 영산교당, 그리고 영산학원실에서 시작된 원불교영산선학대학교의 모체이다. 돛드레미 영산원靈山院 일대의 영산원靈山園 이곳은 근원성지의 교화도량이다. 제법성지를 변산성지라 부르고, 전법성지를 익산성지라 부르듯 근원성지인 영광 길룡리를 영산성지라 통칭한다.

여학원실 터
영산대각전 옆 송림 부근에 여학원실이 있었다.

법모실
법모실은 일원회상의 법모이신 정산종사의 사가私家로 사용되었던 곳이다. 가운데 방이 정산종사의 정토회원인 중타원 여청운의 살림채였다.

신성실
사타원 이원화가 영산의 살림을 맡으면서 주거 및 음식 저장실 등으로 사용하였던 집으로, 사타원의 신성이 깃든 곳이다.

영산원 송림
소태산 대종사가 교도들과 건감간진손이곤태 팔방으로 심었다고 전해온다.

영산 대각전
원기21년(1936) 음력 11월 16일에 낙성식 겸 동선 결제식이 소태산 대종사 임석하에 치러진다. 소태산 재세 시 창건된 건물로 익산총부 대각전에 이어 두 번째로 크게 지어진 건물이다. 당시 영광 일대에서 가장 큰 건물이었다.

적공실
원기10년대 후반에 승산 김형오의 집을 옮겨 지은 집으로 손님을 맞이하는 영빈관으로 사용되었다.

영산정靈山井
이 우물을 소태산 대종사와 제자들이 식수로 사용했다.

수륙변경참고지물과 모계포란바위돌
영산원 앞 화단석인 수륙변경참고지물은 소태산 대종사, 박계축을 시켜 원기25년 옥녀봉에서 지게로 지어 옮겨 온 조개딱지가 더덕더덕 붙은 방화석이며, 모계포란바위돌은 어느 날 소태산 대종사가 닭이 알을 품는 모습의 돌을 안고 와 영산원 앞에 두었다고 전해온다.

영산과원 터
학원실 주위부터 언덕배기 일대는 소태산 대종사 당대에 복숭아 등을 가꾼 과원이었다.

영산 영모전
영산 영모전은 원기66년(1981)에 소태산 대종사 탄생가 복원과 함께 성지장엄 사업의 일환으로 건립되었다. 영모전이란 원불교의 창시자인 소태산 대종사를 비롯하여 원불교 창립 초기에 활동했던 선진과 인물들, 그리고 인류 역사상 위대한 발자취를 남긴 성현들 및 모든 생령들의 위패를 모셔 놓고 1년에 두 차례씩 향례를 올리는 사당을 말한다. 영모전은 영산성지와 익산성지 두 군데에 있다.

영산 권외의 길

◯ 영광읍 일대

영광 경찰서
원기4년 초에 방언공사를 마치자 그 자금이 어디서 나왔는지 등으로 소태산 대종사, 일경에 첫 번째 피체되어 심문받았던 경찰서이다.

영광 무령교회
소태산 구도 시 방문했을 교회로 추정되며, 하늘의 영험을 시험하는 기연이 된 교회로 여겨진다.

영광 옛 장터(영광청소년문화센터 앞)
이재풍 단원이 사무여한의 단도를 사왔던 곳이며, 소태산 대종사가 김광선과 영광장에서 전생에 다정했던 꿩부부를 다시 인연 맺어준 이야기가 깃들어 있는 곳이다.

소태산 모친 열반지(연성리 384)
대종경 인도품 49장 현장

○ 법성포와 구수미 일대

**구수미 나루와
최일양대 묘지 안내표석**

구수미는 길룡리에서 와탄천변을 따라 가면 나오는 장터와 나루가 있는 곳이다. 이곳 구수미 나루의 주막에 최일양대라는 사람이 적선積善을 많이 하여 마을 사람들이 그녀의 묘소를 관리하고 제세를 지내게 된다. 소태산 대종사는 최일양대의 이야기를 인과의 예화로 사용한다.

법성포 포구 및 법성장

법성포는 소태산 대종사의 생활권역이다. 어린 시절부터 부모님을 따라 법성장에 내왕하며 법성포에 유입되는 새로운 문물을 접하게 된다. 또한 탈이 파시를 갈 때도, 대각 후 변산을 내왕할 때도 법성포를 이용한다. 그리고 법성포에서 소리하기를 좋아하는 어릴적 글방 친구를 만나게 되는데, 소태산도 평생 판소리를 좋아한다. 아마도 법성포 단오와 관련 깊을 것이다.

법성포-와탄천-영산 전경

백수면사무소
박중빈 법명(호적) 등재지

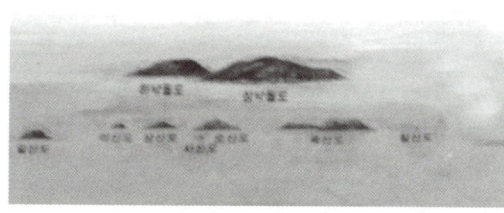

칠산바다 안내도

○ 불갑사 일대

불갑사 대웅전

불상의 영험 시험장, 불갑사 대웅전 및 목조삼세불좌상木造三世佛坐像
소태산 대종사 구도과정에서 불상[등상불]의 영험을 시험하는 데, 그곳은 불갑사 일대의 사찰일 가능성이 높다. 불갑사 대웅전에는 목조삼세불좌상木造三世佛坐像이 모셔져 있다. 또한 소태산은 이곳 불갑사에서 금강경을 구해 본다.

목조삼세불좌상

금강경 구입처, 불갑사

불갑사 수도암

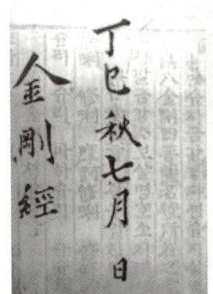
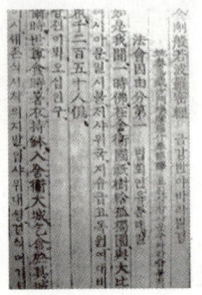

불갑사 수도암판 음역 금강경
소태산 대종사 대각 후 금강경을 꿈에서 알게 되어 구하게 된다. 때마침 불갑사 인근의 신천리 사람 이재철이 찾아와 그를 통해 불갑사에서 금강경을 구해 일람한다. 이 금강경은 불갑사 수도암본이다.

참고 문헌

『정전』

『대종경』

『대종경선외록』

『정산종사법어』

『원불교교사』

『불법연구회창건사』

불법연구회 《월말통신》, 《월보》, 《회보》

이재풍 엮음, 『원각성존 소태산 대종사 수필법문』

박달식·김영수, 『새 회상 거룩한 터』, 원불교출판사, 1986

김현·김영수, 「원불교 영산성지 안내」, 교정원 문화부

박용덕, 『소태산의 대각, 방언조합 운동의 전개』(원불교 초기교단사 1권), 1997

서문성, 『대종사님을 찾아 떠나는 성지여행(영산·변산편)』, 도서출판 삼동윤리, 1996

이정재, 『원불교 사상과 종교문화』 53집·63집

방길튼, 『소태산 대종사 숨결따라』(개정판), 원불교출판사, 2017

방길튼·조성식, 『원불교, 남도와 만나다』, 상상창작소 봄, 2020

○ 에필로그

그 일 한번 해 보세

　원기104년(2019) 6월 중순경 자료를 찾을 일이 있어 익산총부 교정원 총무부를 방문했다. 때마침 그곳에서 수산 정상덕 교무를 만났다. 당시 수산 정상덕 교무는 영산사무소 소장으로 발령받았으나 전임지의 책임이었던 소태산기념관 준공을 마무리할 즈음이었다.

　반가운 마음으로 이런저런 담소를 나누다가 영산사무소 책임자로서 이런 일들은 시도해 보면 좋겠다는 의견을 제안했다. 소실된 영산원 식당채 자리에 경계석을 놓는 일, 중앙봉에 구인기도봉 방위 표석을 시설하는 일, 옥녀봉 토굴 터 표석 설치 등이었다. 그러던 중 무심결에 '영산성지' 관련 책을 구상해 놓고도 출판에 엄두를 못 내고 있다 했더니, "그 일 한번 해 보세" 하며 마음을 보태주었다.

　그때 나의 의견은 영산 시대를 해석해 보겠다는 것과《월말통신》·《월보》·《회보》에 기록된 영광지부의 삼예회록을 분석해서 대중들이 좀 더 쉽게 이해할 수 있게 해야 한다는 것과 당시 영산의 책임자였던 정산 종사와 주산 종사의 역사를 좀 더 상세하게 알 수 있는 작업이 될 수 있을 것이라고 하였다. 또한 영산에서 정산 종사를 위시한 선진들이 예회에서 강연했던 제목들을 살펴보면 구체적인 공부의 내용을 알 수 있을 것이며, 단원회·단장회의 단회활동과 당시 시행된 기념일 등을 살펴보면 의미 있는 참고가 될 것이며 우리에게 소중한 자산이 될 것이라고 하였다. 그리고 이러한 작업은 읽기 쉬운 대중적인 책은 아니지만 반드시 정리되어야 할 것이라고 역설했다.

치기에 가까운 이러한 주장에 수산 정상덕 교무는 '그 일 한번 해보세'라며 응답했다. 순간, 이 응답이 떨어지자마자 어떤 부담감이 밀려왔다. 대중성이 걱정된 것이다. 소태산 대종사 당대의 영광 지역의 삼예회록 등을 분석하는 자료라 하지만, 그렇다고 이렇게 전문적이고 어려운 내용만 가지고는 안 될 듯한 고민이었다.

그리하여 글쓰기의 폭을 넓혀 대중성을 충족하는 좀 더 포괄적인 내용을 구상하게 되었다. 그 일단이 바로 '명상과 법문으로 살펴보는 영산성지'와 '사진으로 보는 영산성지 순례길'을 추가했다. 또한 『원불교교사』의 영산 시대를 해석하는 작업도 덧붙여 보았다.

생각해보면 모든 것은 인연의 과정이다. 소태산 대종사의 성적聖跡

에 호기심을 가졌던 마음이 소태산 대종사 당대의 간행물인《월말통신》·《월보》·《회보》를 뒤지는 동력이 되었고, 그러한 공부의 힘이 영산 시대의 삼예회록을 분석할 수 있는 근력도 생기게 한 것이다. 이러한 공부가 영산성지 사무소와 인연이 되어 '영광과 소태산(1, 2)'인 『영산성지 사용법』과 『소태산, 영광을 수놓다』라는 결과물로 나오게 된 듯하다.

실로 이 책이 나오기까지 아낌없는 후원과 인내로 기다려 준 수산 정상덕 교무와 영산성지 사무소에 감사드리며, 영광 삼예회록 자료를 모아준 가타원 최도응 교무와 교정을 꼼꼼히 봐준 조수원 정토와 교정 및 출판의 모든 과정에 정성을 다해준 소산 주성균 교무를 비롯한 원불교출판사 관계자에게도 감사드린다.

아무쪼록 이 책이 원불교 성지를 순례하는 분들에게 영광과 영산에 깃든 소태산 대종사와 제자들의 수행과 창립의 숨결을 들여다보는 길라잡이가 되길 바란다.

원기106년 3월
길산 방길튼 교무 합장

명상과 법문으로 순례하는
영산성지 사용법

초판 1쇄 인쇄　2021년 3월 24일
초판 1쇄 발행　2021년 3월 31일

지은이　방길튼
발행처　원불교 영산성지사무소
　　　　주소: 57026 영광군 백수읍 성지로 1345
　　　　전화: 061)352-6344

펴낸곳　원불교출판사
펴낸이　주영삼
출판등록　1980년 4월 25일(제1980-000001호)
주소　54536 전라북도 익산시 익산대로 501
전화　063)854-0784
팩스　063)852-0784
홈페이지　www.wonbook.co.kr
인쇄　문덕인쇄

ISBN 978-89-8076-368-9(03200)
값 15,000원

잘못 만들어진 책은 구입처나 본사에서 교환해 드립니다.